社会福利与文化

——用文化解析社会福利的发展

〔韩〕朴炳铉 著

高春兰 金炳彻 译

2012年·北京

아산재단　연구총서　제 264 집
박병현
사회복지와　문화
문화로　해석한　사회복지의　발달
집문당, 서울, 2008 년
本书据韩国集文堂 2008 年版译出

文化多样性决定着社会保障制度的多样化

多年来，基于对现代社会保障制度19世纪80年代自德国产生后在全球发展进程的考察，我一直在高校课堂和一些论坛上阐述着这样一个研究结论，即：各国社会保障制度其实是所在国家及所处时代的社会、经济、政治、文化等多种因素综合影响的结果。其中：社会因素（风险与需求等）决定着社会保障制度的有与无；经济因素（发展程度与财力等）决定着社会保障水平的高与低；政治因素（政党政治与政治家等）决定着社会保障进程的快与慢；文化因素（历史传统与意识形态等）则决定着社会保障模式的最终选择。只有综合考虑上述因素的影响，才能理性地建构符合国情并与所处时代相适应的社会保障制度。然而，这样一个应当有高度共识的观点却很少在学术界产生共鸣，中国改革开放以来流行的主流观点依然是社会保障制度由经济因素决定论，多的是基于经济因素的局部的、微观的、实证的研究成果，鲜有综合考虑社会、政治及文化等因素者。这种单纯的经济因素决定论及其在现实中总是低估中国经济发展成就的现象，不可避免地要影响到中国社会保障改革与制度建设，它不仅导致了这一制度体系发展的滞后，亦造成了中国社会保障改革长期处于试验性状态而难以走向定型、稳定、可持续发展的新阶段。

我之所以将韩国朴炳铉教授所著的《社会福利与文化——用文化解析社会福利的发展》一书推荐给权威的商务印书馆出版并

介绍给中国读者，就是因为该书从文化的视角为我们解析了社会保障制度在不同国家的发展，它对中国学界甚为流行的单纯考虑经济因素的研究视角无疑是十分有益的弥补，并且更具长远的指导意义。因为与动态变化、殊途同归的社会、经济乃至政治因素相比，文化因素作为社会历史的积淀物，既在各国具有相对的稳定性，又在全球范围内具有鲜活的差异性，对各国社会保障制度模式及其走向产生着深远的影响。如果没有相通的文化认同，就不会形成国民对社会保障制度选择的真正共识，进而不可能产生长久稳定的社会保障模式，从而也就不可能有社会保障制度的可持续发展。因此，尽管文化因素同样不可能替代其他因素，但立足于文化视角的社会保障研究，显然更具有历史的长度与厚度，更能够发现各国社会保障制度产生与发展的客观规律，对于当代世界唯一有着五千年悠久文明并从未中断传承的中国而言，这恰恰是其社会保障学界所欠缺的。

在《社会福利与文化——用文化解析社会福利的发展》一书中，作者基于文化视角，确定的研究问题不是"为什么所有国家都选择了相似的福利制度"，而是"为什么经济发展水平大致相同的国家却选择了不同的福利制度"，"为什么有的福利国家能够灵活应对福利国家的危机，而有的国家却不能应对"，其探究的不是社会保障具有普适性的"理想模式"，而是打上不同文化烙印的"多样化模式"。作者认为，经济和政治因素虽然可以引发社会保障需求和满足这种需求的可能性，但是对于这种需求和可能性赋予具体形式的则是各国固有的历史文化传统，因此，要真正把握一个国家的社会保障制度的现实，必须要理解该国过去的历史遗产和文化传统。

为了说明文化对社会福利制度形成和发展的影响，作者首先以道格拉斯（Douglas）和威尔达夫斯基（Wildavsky）的研究成果为基础，把文化分为命运主义文化、阶层主义文化、个人主义文化和平等主义文化四种类型，并指出四种文化类型可以孕育不同的社会保障制度。随后，又根据阿蒙德和维巴（Almond and Verba, 1963）、威尔达夫斯基（Wildavsky, 1990）等学者的研究成果，把英国和美国归为个人主义文化、德国和日本归为阶层主义文化、瑞典归为平等主义文化的典型代表，分析了这些国家社会保障制度发展过程中文化所产生的影响，其比较的焦点是各国社会保障制度形成和变革的历史时期、动机和合理性以及社会保障制度发展过程与各国文化的关系。例如，在个人主义文化中，社会成员往往在劳动力市场上通过与他人的竞争来满足自己的基本需要，而不是依赖国家或社会；当个人处于危机状态时，自己独立应对社会风险，自己承担责任，也不是依靠社会。因此，在个人主义文化占主导地位的社会中，国民对以全民为对象、以强制参保为原则的社会保险制度并没有表现出更多的热情，除非发生大规模的经济危机或政治混乱等社会问题，否则不会考虑社会保障制度。在阶层主义文化成为主流文化的社会中，能够树立社会问题由社会负责的理念，进而形成以全民为对象的、具有预防性功能的社会保障制度。阶层主义文化中的社会保障制度具有父权制性质，即上下级关系分明，把享受不同待遇视为应然之事。在这样的文化中，有可能发展维持阶层间不平等关系的、具有社会控制特点的社会保障制度。在平等主义意识普及的社会，满足

IV 社会福利与文化

个人基本需求的责任不在于个人,而在于社会,即贫困、疾病、失业等问题产生的原因并非是因为个人性格上的缺陷,而是来自于社会自身的矛盾,解决问题的主体当然也不是个人,而是国家。这种国家或社会的责任意识使政府能够制定出解决社会问题的完整的政策方案,进而确立以社会全体成员为对象的制度型社会保障制度。在本书中,作者肯定了世界各国的社会保障制度具有多样性,而这种多样性的背后渗透着该国传统文化的影响。当然,作者也承认,在社会保障制度发展过程中,工业化和政治因素的影响是不能忽视的,但是用工业化和政治要素难以说明社会保障制度发展的领域,可以用文化因素来予以说明。因此,作者从文化的视角去分析和回答了为什么最早进入工业化国家的英国引入社会保障制度的时间相对较晚,而工业化进程相对晚的德国却最先创建了社会保险制度;为什么英国和美国人容易接受缩减社会福利项目的举措,顺利应对福利国家的危机;为什么德国和日本都强调社会福利的家庭责任;为什么瑞典能够成为福利国家的橱窗等问题。最后,作者以韩国为例,说明儒家文化的特点以及儒家文化对社会保障制度形成和发展的影响。作者指出,儒家文化的核心是家庭中心主义、"孝"思想和共同体意识,在儒家文化的影响下,韩国形成了强调家庭责任、弱化政府责任的以家庭为中心的社会保障体系。作者认为,把韩国的社会保障制度与西方的福利制度看作同质性状态,用西方国家开发的概念和框架来解释和研究韩国的社会保障制度,显然是有缺陷的,因为反映西方国家社会保障制度发展历史和经验的事实或许在韩国并不存在,或许以变异形态存在,因而对韩国的社会保障制度其实应该用韩国固有的文化来解释和研究。在本书中，作者提出了东亚国家应该建立以儒家文化为基础的、有别于西方的东亚社会保障模式的观点。

本书的特点是将历史、文化、福利（保障）三种概念交织在一起，在社会保障制度发展的历史分析中贯穿着文化的影响，而文化的多样性又决定着社会保障制度模式的多样性，这是让我产生共鸣的关键所在。因为我也观察到社会保障制度在各国的不同发展进程与多样化发展的现实，并同样认为东亚国家因具有相通的文化基因而必定建立有别于西方的社会保障制度；同时，坚信中国只有走适合自己的发展道路才能确立真正理性的社会保障制度，中国的社会保障改革与发展必定会打上有中国特色的烙印。

朴炳铉教授现执教于韩国釜山大学社会福利系，他长期从事社会保障研究，是一位有着丰硕研究成果的知名社会保障学者。我与朴炳铉教授相识于我们和一批中国、日本、韩国知名社会保障学者一起创设的"社会保障国际论坛"（2005年9月在中国人民大学举行首届论坛，至2012年已举办了八届），随后又多次共同参与有关东亚社会保障模式研究第一阶段的研讨，尽管我的观点不可能与朴炳铉教授的看法完全相同，但重视文化因素对社会保障的深刻影响却是相通的，他的学术报告总能给我以有益的启发。不仅如此，朴炳铉教授还具有很高的音乐素养，他的歌声已经成为"社会保障国际论坛"晚会上的一道风景，这或许是他重视从文化视角来研究社会保障的一个原因。

作为朴炳铉教授所著《社会福利与文化——用文化解析社会福利的发展》中文版的推荐者，应当感谢他为我们提供了一本好的社会保障著作,还应当感谢高春兰博士、金炳彻博士为我们提供了一个好的中译本。

　　在该书即将由商务印书馆出版之际,谨以此序表示我的热烈祝贺!

郑功成
2012年10月1日于北京

中文版序言

拙著《社会福利与文化——用文化解析社会福利的发展》一书被译成中文介绍给中国学者和学生,对此我感到非常荣幸。在本书中,我主要阐述了文化对社会福利发展的影响。文化的多样性使各国的社会福利理念、社会福利发展过程、社会福利发展水平、社会福利发展方向显示出多样化。因此,工业化和经济发展以及政治要素可以成为社会福利发展的必要条件,但即使各国经济发展水平和政治发展过程有些相似,也不会使各国社会福利水平和发展方向在某一点上聚集而显示出趋同性。世界各国的社会福利制度表现为多样性,而这种多样性的背后渗透着该国的传统文化。

基于这样的思考,本书确定的研究问题不是"为什么所有国家都选择了相似的福利制度",而是"为什么经济发展水平大致相同的国家却选择了不同的福利制度","为什么有的福利国家能够灵活应对福利国家的危机,而有的国家却不能应对",因而本书的基本前提并不是用"一种理想模型"(an ideal type),而是用"多样化类型"(diverse types)去解释福利国家。工业化以及伴随而出现的经济增长和权力资源可以为社会保障制度的产生提供必要条件,但对其可能性赋予具体形式的是各国所固有的文化传统。因此在美国会形成反映美国文化的社会福利制度;在韩国会形成反映韩国文化的社会福利制度;在中国也会形成反映中国文化的社会福利制度。

为了分析文化对社会福利制度形成的影响，本书把文化人类学家道格拉斯的文化理论作为研究背景。道格拉斯用"集团"（group）和"格栅"（grid）概念来说明文化。"集团"是人们在自身和外部世界之间筑起的界限，表明个人融合到特定社会组织的程度；"格栅"是指个人生活或者人与人之间的相互作用受来自外部的规制和命令。在道格拉斯的文化理论中，强格栅—弱集团（high grid-low group）模式表现为集团界限弱、规制多的命运主义文化；强格栅—强集团（high grid-high group）模式体现的是集团界限强、规制多的阶层主义文化；弱格栅—弱集团（low grid-low group）模式表现为集团界限和规制都弱的个人主义文化；弱格栅—强集团（low grid-high group）体现的是集团界限强、规制弱的平等主义文化。把文化分为四种类型以后，本书把英国和美国作为个人主义国家的代表、德国和日本作为阶层主义国家的代表、把瑞典作为平等主义国家的典型代表，分析了文化对社会福利制度发展所产生的影响。

2009年本书被评为韩国学术院基础学科"优秀学术图书"，这给予我莫大的荣誉。若有机会，我想追加中国等东亚国家和地区，利用文化理论分析这些国家和地区的社会福利制度发展过程。

在翻译出版本书中文版的过程中得到了很多人的帮助。首先感谢为出版拙著中文版联系出版社的中国人民大学郑功成教授。在社会保障国际学术会议上，曾多次与郑教授见面并进行过学术探讨。郑教授对研究社会福利的热情给我留下了深刻的印象，与郑教授的长期交流定会对我今后的学术研究有很大的帮助。此外，对翻译本书的长春工业大学高春兰博士和中国人民大学金炳彻博士表示衷心的感谢。翻译是第二次创作，我确信通过两位的翻译将使本书更加精彩。最后对出版该中文版的中国商务印书馆致以诚挚的谢意。

韩国釜山大学 朴炳铉

2012年2月20日

目　录

前言··1
第一章　序论：问题与视角··1
　　一、结构功能主义要素··4
　　二、政治要素··8
　　三、文化要素··9
　　四、本书的观点···14
　　五、比较的观点···16

第二章　文化理论···19
　　一、文化理论概述···21
　　二、道格拉斯的文化理论··22
　　（一）集团和格栅···22
　　（二）文化类型··24
　　三、文化理论对社会福利制度发展的意义································28

第三章　个人主义文化与社会福利··33
　　一、个人主义文化与社会福利···35
　　二、英国的个人主义与社会福利的发展··································35
　　（一）福利国家之前的英国个人主义与社会福利·······················36
　　（二）个人主义的衰退与社会保障制度的发展··························55

（三）个人主义的复兴与撒切尔政府的福利缩减政策……66
　　　（四）小结……………………………………………70
　　三、美国的个人主义与社会福利的发展………………71
　　　（一）美国的个人主义………………………………71
　　　（二）美国社会福利制度发展过程中的个人主义………74
　　　（三）小结……………………………………………145

第四章　阶层主义文化与社会福利………………………149
　　一、阶层主义文化与社会福利…………………………151
　　二、德国阶层主义与社会福利的发展…………………152
　　　（一）德国阶层式、父权制传统……………………152
　　　（二）阶层主义文化中的社会保险制度……………155
　　　（三）德国天主教与社会保障制度…………………161
　　　（四）德国阶层主义文化与组合主义社会保障………162
　　　（五）小结……………………………………………165
　　三、日本阶层主义与社会福利的发展…………………166
　　　（一）日本的阶层主义文化…………………………166
　　　（二）日本阶层主义与社会保障制度的发展…………169
　　　（三）小结……………………………………………185

第五章　平等主义文化与社会福利………………………187
　　一、平等主义文化与社会福利…………………………189
　　二、瑞典平等主义文化与社会福利……………………190
　　　（一）瑞典传统的社会价值…………………………190

（二）瑞典确立社会福利制度的政治背景……191
　三、平等取向的社会福利制度……197
　　（一）早期平等取向的社会福利制度……197
　　（二）平等取向的劳动政策……198
　　（三）平等取向的经济政策……200
　　（四）平等取向的再分配政策……207
　　（五）平等取向的社会服务政策……209
　　（六）社会服务国家的取向……213
　四、小结……214

第六章　结论：对韩国文化的意义……217
　一、韩国的儒家文化……220
　　（一）家庭中心主义……220
　　（二）"孝"思想……222
　　（三）共同体意识……224
　二、韩国儒家文化与社会福利……226
　　（一）儒家文化对韩国社会福利的影响……226
　　（二）家庭中心主义、孝思想、共同体意识与社会
　　　　保障制度……229
　三、文化理论对韩国社会福利的意义……232

参考文献……235
索引……253

前　言

　　2003年11月，我在日本参加学术会议时，偶然看到与体育相关的电视节目，便联想到一个很有趣的问题。第一天研讨会结束回到宾馆后，随手打开了电视，电视上正在直播日本职业棒球联赛第7轮比赛。比赛结束后，胜方运动员都冲出运动场，互相抱作一团庆贺胜利，每个运动员脸上都充满着胜利的喜悦，而此时电视镜头转向了输方球员席。败方球员的表情有些异样，运动员纹丝不动地望着胜方运动员在运动场上狂欢的场面。他们的表情给我留下了深刻的印象。第二天研讨会休息时，我同一位非常熟悉的日本教授谈到了昨天观看棒球比赛的情况，同时也向他询问败方运动员为何表现出那样的神情。那位教授想了想说，"那是输方运动员向胜方运动员表示敬佩的意思"。

　　回国以后，也是在一次偶然的机会，我在电视上看到了美国职业棒球大联盟的比赛。在胜负已成定局的时刻，冠军队运动员也是冲出运动场，抱作一团，庆贺胜利，这一画面同在日本看到的画面是一样的。但是当电视镜头转向输方球员席时，运动员的表情却与日本运动员截然不同。他们在决定胜负的时刻，好像显示出"今年的棒球联赛结束了，该回家了"的表情，他们收拾球棒和手套，毫不留恋，连头也不回退出了运动场。同一现象，两国选手的反应如此不同，令我难以忘怀。阶层主义为特征的日本体育文化同个人主义为特征的美国体育文化存在着太多的差异。

在棒球比赛中,触击次数也是根据文化的不同而有所差异。在美国职业棒球联赛中,如果不是决定胜负的关键时刻,教练一般不会发出触击的信号,这个原因可以在美国的个人主义文化中找到一定理由。具有典型的资本主义体育性质的美国职业棒球联赛,对运动员而言,每一个球都直接与金钱联系在一起。在跑垒运动员在垒的情况下,如果教练对击球手发出触击的信号,那无意是牺牲触击者,使他可能会丧失一次得分机会,那将不利于该运动员年薪的增长。因此教练对运动员一般不轻易下达触击信号,如果教练觉得有必要触击牺牲而对击球手下达触击信号,那么教练员在事后一定会以个人名义向该运动员表示感谢,这是美国的惯例。但是在韩国或日本,为了球队的胜利而牺牲个人利益是当然之事,教练也毫无负担地对运动员下达触击命令,运动员也是为了球队的胜利而牺牲个人利益视为应然之事。因此在韩国和日本的职业棒球联赛中使用触击牺牲战术的情况往往比美国多一些。

由此我们可以看出,各个国家的文化传统对国人的思维方式、行为样式产生的影响。文化是在一个社会中占据主导的经世代延续而形成的价值、态度、信念,即整个社会的生活方式。文化对人的行为及其发展产生着重大影响,各个国家的文化也对该国社会福利理念、社会福利发展过程、社会福利发展水平、社会福利发展方向以及社会福利内容产生着深刻的影响。因此,工业化、经济、政治要素是社会福利形成和发展的必要条件。但是即使各国经济发展水平相似,也不会使社会福利水平和内容在某一点上聚集而显示出趋同性。世界各国的社会福利制度表现为多样性，而这种多样性的背后渗透着该国传统文化的影响。当然在社会福利制度发展过程中，工业化和政治因素的影响是不能忽视的，但是难以用工业化和政治要素来说明社会福利发展的领域，可以用文化因素予以说明。本书正是基于这样的思考，从文化的视角去解析社会福利的发展。

在本书中，我把文化人类学家玛丽·道格拉斯的文化理论应用于分析社会福利的发展过程之中，同时把刊登在《韩国社会福利学》第57卷第3号的拙作"福利国家的文化分析"的内容进行扩展。道格拉斯用"集团"和"格栅"的概念，把文化分为命运主义文化、个人主义文化、阶层主义文化和平等主义文化。在本书中，我把英国和美国作为个人主义文化、德国和日本作为阶层主义文化、瑞典作为平等主义文化的典型代表，在此基础上分析这些国家的社会福利发展过程中渗透的文化影响。当然这个工作并非易事，文化对社会福利发展有着深刻的影响，这已成共识，但把文化的作用同其他因素交织在一起阐述，同时又要把文化的影响力分立出来进行专门论述，这是一件艰难的事。在本书撰写过程中，因资料不足使我的研究常常处于停滞状态，但是一步步探寻渗透在各国社会福利发展过程中的文化印迹，又让我觉得这是一件非常有魅力的工作。

留学美国的经历和经常探访或偶尔旅游日本、英国和瑞典的经历，对我撰写本书帮助很大。因为如果仅仅在一个国家生活，很难获取国外资料，但在某一个国家长期生活或者短期访问则有助于相关资料的收集。

从小，我便一直沉醉于音乐艺术之中，这也有助于我撰写本书。从中学开始我就参加教会合唱团，在大学时代经常参与大学生合唱团活动，以至于在合唱团度过的时间比在社会福利系度过的时间还要长。大学二年级时，曾想放弃在当时看来没有什么前景的社会福利专业，转到音乐专业，为此也彷徨过一段时间。当了教授以后，又开始学习单簧管并深深地陷入这一艺术殿堂之中。现在我经常参加釜山大学校友合唱团，还参加釜山米洛斯管弦乐队，演奏单簧管。我的家庭是艺术之家，在家族成员中有专攻美术、设计、钢琴的哥哥和妹妹，也有在纽约百老汇从事演艺活动，在费城管弦乐队演奏中提琴和钢琴的子侄们，而我的妻子和女儿都是学习风琴的。虽然参与各种艺术活动，沉浸在艺术之家的氛围中，但我始终关注着社会福利和文化的关系。再过几年，也许我会把社会福利与艺术联系起来进行著书立说。

在完成本书的过程中，我受到了来自多方的帮助。在此，向为我的研究提供良好环境的釜山大学社会福利系各位同仁表示诚挚的谢意。釜山大学社会福利系充满着和谐民主的气氛，以及所有的事都能通过对话方式解决的文化氛围，为我的研究提供了良好的环境。本书的初稿曾用于2008年第一学期社会福利系研究生的"社会福利政策论"的课程讲义，研究生们的批判性评论对补充和完善本书的内容起了很大的作用。李汉玉博士阅读最终书稿并把文字修改得更加流畅细腻，对此表示由衷的感谢。对任何时候都无条件地给予我支持和爱的妻子梁承惠和可爱的女儿任丫、儿子仁俊也表示深深的感谢。最后我还要真诚地感谢生我养我而且时时刻刻为我祈祷的父母。家庭的理解和支持是我在学术上取得成就的最宝贵的财富。

完成书稿以后我才发现，个人主义文化的美国和英国部分所占分量偏重，这是因为我曾经在美国留学，占有美国和英国的资料比其他国家相对多一些的缘故。另外因为资料不足，只能在有限的历史范围内分析文化对社会福利的影响，为此感到有些遗憾。

本书是用2005年韩国峨山社会福利财团提供的研究经费来完成的。利用财团提供的经费购置了大量的必要的书籍，丰富了本书的内容。虽然没有按照约定时间完成书稿，但峨山财团和出版本书的集文堂同仁没有任何怨言，对此我表示衷心的感谢。

朴炳铉

于釜山金井山脚下的研究室

2008年8月

第一章
序论

一、结构功能主义要素

二、政治要素

三、文化要素

四、本书的观点

五、比较的观点

第一章　序论：问题与视角①

过去二百多年的经济发展对人类历史产生了深远的影响。经济发展为人的自由发展和自我实现提供了史无前例的良好机会，为重新诠释个人权利提供了新的视角，为社会正义赋予了新的内涵。由经济发展引发的社会变化也为理解政府和个人之间的关系开启了新的视角。社会福利，尤其是公共社会福利，正是伴随国家和个人关系的变化而带来了新的特色并日益为人们所关注。

自1871年德国最初引入社会保险制度以来，全世界社会保障制度持续扩展并得到空前的发展。根据2004年美国社会保障厅的调查，世界上已经有130个国家实施了一项或多项社会保险项目。这个调查结果表明，几乎所有的工业化国家都在实施多种多样的社会保障项目，即使是发展中国家也实施了一种以上的社会保障项目。从历史发展脉络来看，社会福利制度从基于需要而提供的救济开始，逐渐向基于权利而提供的服务转变。

在解释社会福利发展时，以往人们经常从两个视角去说明：

---

① "序论：问题与视角"是修改和补充拙文"福利国家发展的文化分析"一文的内容，参见《韩国社会福利学》第57卷第3号，第277—288页。

一是从结构功能主义要素去说明，另一个是用政治因素来阐述，在本书中，笔者将追加文化理论的解析。

一、结构功能主义要素

社会结构功能主义认为，社会保障制度是工业化以及由此带来的经济发展和社会结构变化的产物。功能主义认为，社会福利发展的决定性因素不是价值、态度、文化或者不同政治派别之间的矛盾冲突，而是工业化引发的经济发展和社会结构的变化。

功能主义社会学家威廉斯基（Wilensky，1958，1975）阐述了工业化和经济增长同国家福利费用支出之间的关系。他在《福利国家与平等》（*The Welfare State and Equality*）一书中对影响社会福利发展的要素做了深层次的实证研究，并指出衡量社会保障支出规模的强有力的独立变量是人均GNP，而政治结构作为一种独立变量是无关紧要的。功能主义者进一步指出，在工业化高度发展的国家，不管其政治理念和文化传统如何，在社会保障制度或社会政策内容方面有其相似性，而且工业化发展水平相似的国家，其福利制度在一定程度上表现出趋同特征。

功能主义理解现代福利社会的重要变量是工业化程度和经济发展水平，因而往往称之为"工业化逻辑"（logic of industrialization）。在工业社会，决定社会结构的关键因素不是人们之间的协议、意识形态、阶级之间的冲突或者是文化传统，而是技术，即工业化水平。工业化水平达到一定程度的国家，其社会福利水平在某一点上聚集而显示出相似性，因而把这一理论也称之为趋同理论。

威廉斯基和莱博克斯（Wilensky and Lebeaux）在被称为社会福利古典专著的《工业化与社会福利》（Industrial Society and Society Welfare）一书中，用趋同理论来研究美国的社会福利发展过程。根据他们的研究，早期的工业化对家庭结构产生了深刻影响。由于小农经济社会解体，独居老人增多，离婚率上升，经济支持结构发生变化，因而社会福利得到了空前的发展。在工业化后期，社会分工细化，劳动力流动加快，这种社会现象也使社会福利得到了发展。

对社会福利史的研究卓有成效的著名经济学家瑞明格（Rimlinger，1971: 7）也把现代福利制度视为"由农业社会向工业社会转型的产物"（by-product of the shift from agrarian to industrial society），因而也支持社会结构功能主义的观点。弗洛拉和艾伯（Flora and Alber，1984: 58）也把社会经济发展视为社会福利政策发展的根本原因，尤其是工业化以及由此带来的经济增长使大量的福利费用支出成为可能。卡特赖特（Cutright，1965）、阿伦（Aaron，1967）、普莱尔（Pryor，1968）等学者也认为工业化带来的经济增长为社会保障制度的发展做出了巨大贡献。①因而从趋同论的观点来看，社会福利政策和福利国家的

---

① 从1962年科尔（Kerr）、邓洛普（Dunlop）、哈比森（Harbison）合著的《工业化与工业人》（Industrialism and Industrial Man）一书中也可以看到社会结构功能主义观点，邓宁和霍珀（Dunning and Hopper）、美国著名的经济学家约翰·加尔布雷斯（John Kenneth Galbraith）的著作中也有类似的观点。

发展是工业化发展的必然产物。根据这一理论，一旦工业化启动，便带来一系列社会问题，而为了解决这样的社会问题，就必然引入社会福利政策。

毋庸置疑，无论是功能主义理论还是趋同理论，在社会福利制度发展的研究上都表现出一定程度的普遍性。但是各国最初导入社会福利制度时的工业化水平和经济发展水平参差不齐，此后的发展路径也大相径庭（Collier and Messick，1975：1307）。这样的历史事实使社会福利发展是工业化和社会结构变化的结果，工业化高度发达国家的社会保障制度无论其政治理念、文化传统如何，社会保障制度的内容都相似的社会结构功能论和趋同论的主张都显得缺乏说服力。

科利尔和梅西克（Collier and Messick，1975）认为工业化和经济增长是实施社会福利制度的必要条件，但工业化水平发展到一定程度时，大部分国家未必都实行社会保障制度，由此否认了趋同论。他们研究了59个国家最初实施社会保险制度的时间与工业化水平之间的关系。在衡量工业化水平时，他们把从事农业生产的人口比例、从事工业生产的人口比例以及人均国民收入作为指标。研究结果显示，各国是在工业化水平发展到一定阶段以后才引入社会保险制度的，因而工业化是社会福利制度产生的必要条件，但并不是在特定的工业化水平上一定要产生相应的社会保险制度，各国最初引入社会保险制度时，其工业化发展水平都不尽相同，由此得出趋同理论的根据不充分的结论。他们认为各国社会福利制度并不具有趋同性，往往是落后国家模仿先进国家或者邻近国家的社会福利制度，使社会福利制度在不同的国家和地区之间得以普及和扩散，由此他们主张扩散理论（Diffusion Theory）。

表1-1 各国经济发展阶段、工业化水平和最初引入社会保险制度的时间

经济发展 国家	经济高速发展阶段	经济成熟阶段	高消费阶段	最初引入社会保险制度时的农业人口比例（%）
英国	1783—1802	1850（1908）*	1930	9
美国	1843—1860	1900	1920（1935）*	20
德国	1850—1873（1871）*	1910		48
日本	1873—1900（1920）*	1940	1940	51
瑞典	1868—1890（1891）	1930	1955	62

注：* 为最初引入社会保险制度的时间。

资料来源：W. W. Rostow, *The Stages of Economic Growth*, Cambridge: University Press, 1960; David Collier and Richard E. Messick, "Prerequisites Versus Diffusion: Testing Alternative Explanation of Social Security Adoption", *The American Political Science Review*, Vol. 69. 1975, p. 1309；李惠炅："政治文化特征与福利国家的发展：历史比较方法"，《社会保障研究》1986年第2卷，第67页。

表1-1是用罗斯特（Rostow）经济发展阶段来衡量各国最初引入社会保险制度的情况，从中可以看出，瑞典是在经济飞速发展时期首次引入了社会保险制度；德国和日本是经过经济快速发展但尚未达到成熟阶段时引入了社会保险制度；而英国是超过经济发展成熟阶段58年以后才实施了社会保险制度；美国则是经济发展达到高消费阶段15年以后才引入社会保险制

度。①引入社会保险制度时,从各国农业人口所占比例来看,英国为9%,美国是20%,德国为48%,日本是51%,瑞典为62%。②

这就说明英国和美国是启动工业化并经过相当长的时间以后才导入社会保险制度的,而德国和日本是在工业化初期就实施了社会保险制度,瑞典则是在工业化启动之前就已经实施了最初的社会保险制度。这样的事实使解释社会保障制度产生的工业化理论和趋同理论显得黯然失色。

二、政治要素

说明社会福利发展的第二个视角是政治要素。权力资源论者科尔皮(Korpi)和埃斯平·安德森(Esping-Andersen)等学者认为,在瑞典社会福利制度发展的根基上存在着成功的工人阶级的政治运动,在多种多样的政治要素中,工人运动对社会福利制度的形成和发展起了重大的作用(Korpi,1983;Esping-Andersen,1990,1999)。

以埃斯平·安德森福利国家类型论作为终极成果的权力资源论为研究社会福利的历史发展打开了新视野。但是近年来,因全

---

① 世界上最初的社会保险制度是1871年德国的产业事故赔偿制度;英国最初引入的社会保险项目是1908年劳埃德·乔治实施的无缴费年金制度;日本最初的社会保险制度是1922年实施的健康保险制度;美国虽然1908年实施了以联邦政府职员为对象的产业事故赔偿制度,但实质性的社会保险制度是在1935年制定《社会保障法》之后才实施的;瑞典是在1890年实施了健康保险制度。

② 1908年以前是社会保险制度的初创期,当时在引入社会保险制度的国家中,从事农业生产的人口比例最高的国家是瑞典。

球化及由此带来的社会经济的变化，引发了亲和福利派之间的内部矛盾，使权力资源论的力量有所削弱。埃斯平·安德森认为在工人阶级不占多数的国家，仅仅靠工人阶级的力量难以获得充分的政治支持，有必要与其他阶级联合，而这样的观点恰恰是权力资源论在理论上产生松懈的表现形式（安祥薰，2005）。

但是用权力资源论详解社会福利发展过程时，便会提出犹如凯瑟斯（Castles，1985）指出的"强有力的工人运动并非与该国的社会保障制度直接联系"的问题。如新西兰和澳大利亚的工会组织和社会民主主义政党虽然积极参与政权组织，工人运动也得到蓬勃发展，但是因这些国家的执政党固守选择性福利国家的战略，使这些国家的福利制度更趋向于埃斯平·安德森所划分的自由主义的福利国家类型。

有些学者从国家制度层面上对权力资源论进行了批判。斯考切波（Skocpol）、维尔（Weir）、奥夫（Orloff）、赫克罗（Heclo）等学者认为比起众多的社会行动者的影响力，权力资源论者更加关注在其背后强化或弱化每个行动者的国家制度（Castles，1985；Orloff and Skocpol，1984；Weir，Orloff and Skocpol，1988）。

三、文化要素

工业化、经济增长以及工人运动等权力资源的扩大能够成为实施社会福利制度的必要条件，但它们很难成为社会福利制度形成的充分必要条件。换句话说，工业化和工人运动的发展能够营造社会福利制度形成的环境，但是该国所固有的文化或价值可以提前也可以延迟社会福利制度的形成（Park，1990）。这与新制度主义所主张的诱导人们行动的"意义框架"（frame of meaning）的象征性文化体系对决策产生影响的霍尔和泰勒（Hall and Taylor）的观点一脉相通。

在选择社会福利模式的过程中，国家应该决定以下几个重要问题。第一是应该确定社会福利的保护对象。受社会福利保护的群体可能是所有的普通市民，也可能是选择性的群体，问题的关键是照顾自己及其家庭的个人责任和社会责任的局限性。这种局限性可能受国家经济水平和意识形态的影响，也可能受该国固有文化传统的影响。在个人主义盛行的国家强调自己和家庭的个人责任，而平等主义国家更加强调国家的社会责任。

决定受社会福利保护的对象以后，第二个问题是应该确定国家对何种风险予以保护的问题。这个问题同样受国家经济发展水平和意识形态的影响，也受传统文化的影响。如在强调个人主义、追求个人利益、崇尚自由竞争的社会，会把社会的不平等视为人类生活的自然结果，并力求维系这种不平等结构。反之强调集团利益和集体价值的社会，可能试图构建使所有社会成员都平等的社会福利制度。这种传统价值和文化背景，成为影响各个国家社会福利制度产生和发展的重要变量。如果说工业化和经济结构变化会成为社会福利制度产生的可能性条件，那么对那种要求和可能性赋予具体形态的则是社会文化价值。这种文化和价值观恰恰起了促进或抑制某种社会福利制度生成和发展的媒介变量的作用。

美国社会福利制度的发展难以用结构功能要素或者政治要素

来说明和解释。1935年美国最初实施社会保障制度时，从事农业生产的人口不到20%，工业化水平比其他国家高出许多，而且在1860年对成年男性赋予选举权，1920年对所有成年人赋予了选举权，因而对市民赋予政治权利的时间比西欧国家早一些。1935年的美国虽然已经成为世界上工业化水平最高的国家之一，但是社会保障制度的发展却比其他工业化国家晚了许多。

反之，德国是世界上最早实施社会保障制度的国家。19世纪80年代，从事农业生产的人口达到50%，工业化进程比其他欧洲国家都要晚的德国却在世界上最早确立了社会保障制度。瑞明格（Rimlinger，1971：91）指出19世纪德国微弱的自由主义价值观和强大的基督教伦理是德国最早实施社会保险制度的因素，而美国特有的强硬的自由主义、个人主义和自强精神是社会福利制度延迟形成的主要因素。

鲁波（Lubove，1968：1—25）认为传统的志愿主义（voluntarism）是美国社会福利制度相对滞后的原因。托克维尔（Tocqueville）指出，美国虽然是个人主义盛行的国家，但是理解美国的社会行动和组织的关键因素是志愿主义精神。民间形成的慈善或者互助，在志愿主义精神的感召下更加繁荣兴盛。从广义上看，志愿协会（voluntary association）对政府活动提出了议案，即自发的协会即使不依靠政府也能够向社会成员提供救济，进而实现其固有的目的。志愿主义不仅起到联系个人和社会的作用，而且能够应对集团要求，分散权利，有助于创建自我约束型政府，由此志愿主义精神成为美国社会福利政策的行动方案。强制性的社会保险制度同美国的传统价值的志愿主义发生冲突，这也导致美国延迟实施社会福利制度的原因。

日本和韩国传统的儒家思想对社会福利制度的形成和发展产生了巨大影响。儒教源于中国传统宗教，但在韩国和日本，儒家的宗教色彩逐渐消失，而儒家的伦理体系却得以发展。儒家文化的特点是勤勉、责任以及大家族、共同体、会社（尤其是日本）内部的互助精神。依据这样的文化，当个人和家庭发生危机时，比起国家的介入，个人、家庭和社区提供更多的支援，并帮助他们渡过难关。在个人主义主导的西方国家，在其文化的影响下，有些问题容易成为社会问题，但在东方儒家文化的国家，同样问题成为社会问题可能需要很长时间，特别是儒家的"孝"思想使老人问题成为社会问题的进程大大放慢。儒家文化使家庭替代国家和市场，成为满足家庭成员福利需要的主体。与经济发展水平相似的其他国家相比，日本和韩国的社会福利制度相对滞后，这个原因也可以从儒家文化的背景中找到一定理由（Park，1990；朴炳铉，1993）。

洪坰骏（1999：330）把受儒家文化影响的东亚国家称之为儒家福利国家，并指出工业化理论对儒教主义福利国家而言缺乏其合理性，这些国家同其他福利国家相比，个人主义倾向处于相对弱势，而集团主义价值处于强势。集团程度高的儒教主义国家强调各种姻缘和强大的社会关系网络，重视大家庭或者内部集团的作用。在这些国家中，"我们主义"（we-ism）处于支配地位，非正式归属的持续性和强度比个人主义社会强得多，因而在集团主义社会，外来人（stranger）和本地人（native）之间的差别很大，对外来人的关心与照顾比个人主义社会少且弱。

洪坰骏从三个方面阐述了集团主义在实现儒教主义福利国家中的表现形式：

第一，在集团主义社会，非正式归属的作用仍然受到重视。近代化进程相对晚的东亚国家，非正式归属感被利用为强化民族国家、振兴资本主义的手段，即种族（ethnic）观念替代市民权，成为把社会成员统一融合为民族国家的手段，家族主义成为儒教资本主义或者裙带资本主义（crony capitalism）的基础。非正式归属成为满足社会成员福利需求的有利工具，而国家的作用相对削弱。

第二，在集团主义社会，劳资之间的对立和分裂在政治上难以被动员和利用，大家族或者集团内部的身份意识强于阶级意识，因而政治动员往往是在彼此分离的环境中形成的。宗亲、同乡、同学在政治动员中占据非常重要的地位，而这种关系又通过政治精英再造出来。如果说在西欧的干预主义福利国家中，文化的民族同质性在政治动员中发挥顺应功能的话，那么在儒教主义福利国家中，文化的民族同质性则对政治动员起了阻碍作用，强有力的右派政党力量便是它的产物。

最后，在集团主义社会中存在的非正式归属，对决策的官僚者的行为会产生影响。一般说来，儒家国家工业化起步相对晚，但又经历急速的经济增长。在这种双重压力下，儒家国家的官僚们往往习惯于把福利责任转嫁给非正式归属中，而且受由此积淀的政治遗产的约束。在社会利害关系相对自由的国家结构中，这样的政治习惯和政治遗产并不容易发生变化。在西欧干预主义福利国家中，国家能力强化了福利责任，而在儒教主义福利国家中，国家能力弱化了福利责任。

四、本书的观点

以上阐述了诠释社会福利制度发展的三个要素，而本书主要从文化理论的视角进行分析。本书的研究问题并不是"为什么所有国家都选择了相似的福利制度"，而是"为什么经济发展水平大致相同的国家却选择了不同的福利制度"，"为什么有的国家能灵活应对福利国家的危机，而有的国家则不能"等问题。因而本书的基本前提并不是用"一种理想模型"（an ideal type），而是用"多样化类型"（diverse types）去解释福利国家。由工业化引发的经济增长和社会变化或者权力资源理论，虽然决定产生对社会保障制度的需求和满足这种需求的可能性，但是对这种可能性赋予具体形态的则是各国固有的历史文化传统。

由此可以看出，通过与其他国家社会福利制度的比较，可以更深刻地了解一个国家引入社会保障制度的背景及其发展过程，而为了把握一个国家的社会福利制度的现实，就有必要理解该国过去的历史遗产和文化传统。研究一个国家为建立社会保障制度而做的各种努力固然重要，但是研究人们为何有那样需求的问题则更为重要。如要理解俾斯麦的德国社会保险和劳埃德·乔治的英国社会保险以及1935年美国社会保障制度之间的差异，离开当时各个国家的文化传统和历史脉络是难以理解的。本书的基本前提是，各国为了发展福利国家而导入的社会保障制度虽然是通过该国的政治决策而形成的，但是这种政治决定是受其文化或该国核心价值的影响。

基于这样的研究目的，本书首先以道格拉斯（Douglas）和威尔达夫斯基（Wildavsky）的研究成果为基础，把文化分为命运主义文化、阶层主义文化、个人主义文化和平等主义文化，并总结概括各种不同文化的特征，在此基础上，分析在各种文化背景下，形成何种社会福利制度的可能性。为了划分比较对象的文化类型，依据阿蒙德和维巴（Almond and Verba，1963）以及威尔达夫斯基的政治文化研究成果，把英国和美国归为个人主义文化，德国和日本划为阶层主义文化，而把瑞典视为平等主义文化的代表。

本书采用威尔达夫斯基（Wildavsky，1987:5）的文化概念。他指出，"文化是把社会关系（social relation）和社会实践（social practice）正当化的共有价值"。也就是说，文化是在社会成员的社会关系和他们所拥有的信念和价值的相互作用中形成，并通过制度把社会成员自身的价值体现出来的具有特定的生活样式（way of life）。因此本书采用"在对决策产生影响力方面，文化是比意识形态更加强烈的概念"的威尔达夫斯基的观点。

正如阿蒙德、维巴、威尔达夫斯基所指出的，一个国家的文化未必都是同质性的，会产生异质性的下位文化。命运主义文化、阶层主义文化、个人主义文化和平等主义文化虽然有互斥的倾向，但并非都是对立的。在一个国家中，多元文化可以并存，如在一个社会中存在自由主义文化，但并非排除阶层主义文化和平等主义文化生长的空间。作为纯粹分析概念，上述四种文化在同一个社会中可以并存，而本书则着重分析在一个社会中占据主导地位、起着支配作用的文化。

五、比较的观点

各种文化对社会福利制度产生影响的假设是：文化类型不同，引入社会保障制度的时间各不相同；各个国家的社会福利制度经历独立的发展过程，拥有自己独特的内容。比较的焦点是各国社会福利制度形成和变革的历史时期、动机和合理性以及社会福利制度发展过程与各国的文化关系。

本书选定的研究对象是英国、美国、德国、日本和瑞典五个国家。阿蒙德和维巴（Almond and Verba,1963）在他们的《市民文化》（Civic Culture）一书中指出，在英国人和美国人中有能力的市民（citizen）很多，而在德国人中有能力的臣民（subject）很多。[①]威尔达夫斯基（Wildavsky, 1990）认为，在德国阶层主义文化占据主导地位，而在英国和美国，个人主义文化占据主导地位。托克维尔（Tocqueville, 1954）早已把美国视为个人主义昌盛的国家。威尔达夫斯基（Wildavsky, 1985：352—353）曾经比较美国和瑞典，认为美国的权威主义相对薄弱，而市场经济强盛，美国是一个反对中央政府扩大福利支出的国家，而瑞典是崇

[①] 李惠昃（1986）借用阿蒙德（Almond）和维巴（Verba）的臣民型政治文化和参与型政治文化的概念，把德国和日本划为臣民文化类型，把英国和美国划为市民文化类型，并分析了两种政治文化对福利制度发展有何影响的问题。

尚平等主义的国家。日本是忠于集体、强调服从、重视集团归属感的阶层主义文化起主导作用的国家。根据以上研究结果，本书主张：在英国和美国，个人主义文化成为主流文化；在德国和日本，阶层主义文化占据主导地位；在瑞典，平等主义文化占据支配地位。

第二章
文化理论

一、文化理论概述
二、道格拉斯的文化理论
三、文化理论对社会福利制度发展的意义

第二章　文化理论

一、文化理论概述

文化理论（Culture Theory）[①]是人类学家玛丽·道格拉斯（Mary Douglas）创立，由政治学家艾伦·威尔达夫斯基（Aaron Wildavsky）应用于政策决定过程中的。在文化理论中，文化不仅包含价值和信念体系，而且还包含社会关系、生活方式。文化理论学家把社会成员共有的价值和信念规定为文化偏好（cultural biases），文化偏好影响人们的社会关系，社会关系反过来又影响文化偏好，形成丰富多彩的人类生活方式（Douglas, 1982a, 1982b; Douglas and Wildavsky, 1982; Wildavsky, 1987; Thompson, Ellis, and Wildavsky, 1990）。

在文化理论中，最基本的概念是人与人之间的关系，即社会关系。特定的社会关系形成特定的文化偏好以及宇宙观或者世界观（Douglas, 1982a; Thompson, Ellis, and Wildavsky,

---

[①] 本章文化理论的内容是补充和修改笔者所撰写的"福利国家发展的文化分析"一文，参见《韩国社会福利学》第5卷，第280—283页。

1990）。在文化理论中，每个人所做的选择——不管是自发的还是胁迫的——都是他们所接受的一种文化的形态，每个人都有把自己所属的社会组织加以合理化的价值和信念体系（Wildavsky, 1987）。

文化理论是从两个最基本的问题出发而展开的，其一是"我是谁"，其二是"我做什么"（Wildavsky, 1987）。前者是身份（identity）问题，涉及个人的决定如何形成、个人归属于何种集团的问题，即个人的决定是在与集团成员的交互过程中形成的，还是自己决定的；个人归属于集体性较强的集团之中，还是归属于集体意思较弱的集团之中。后者是行为问题，是规范个人行为的约束多且强，还是少且弱的问题。集团界线强与弱，规制多与少是文化的组成要素，个人不论属于何种文化都要受这些要素的制约。

二、道格拉斯的文化理论

（一）集团和格栅

道格拉斯利用"集团"（group）和"格栅"（grid）两个概念来说明文化理论。"集团"是人们在自身和外部世界之间筑起的界线，表明个人融合到特定社会组织的程度。个人生活方式归属于集团的程度越高，个人选择越受集团的影响。换句话说，集团性是个人生活方式介入到社会组织的程度。道格拉斯对集团性做了如下的分析，"个人生活方式受集团精神的制约，越是共同居住，共同劳动的人，越有较强的集团性，外界进入集团内部的难度越高，会员和非会员之间的界限也就越强"。在集团性强或高的领域，内部人和外部人之间的界线很清晰，集团内部向成员提供各种便利服务，使成员脱离集团的成本很高，同时集团成员可以向内部人施加压力，使其接受集团要求。如果集团性弱或低，个人便难以与他人形成紧密关系或者与其进行深入交往（Douglas，1986；朴钟民·金书勇，2002：56；全永平，2002：88）。

"格栅"是指个人生活或者人与人之间的相互作用受来自外部的规制和命令，即受外部约束的程度。"格栅"是为控制人们行为方式而采用的所有的社会规则和权威。强硬的"格栅"包含着限制人们相互交往的规范化的道德或者结构化的禁忌。若"格栅"变弱，个人在与他人交往中拥有更多的应对他人的余地。当然原本强大的"格栅"变弱并不意味着集团就会处于非组织化或无规则状态。在这种情况下，为了保证人与人之间的交往正常进行，便会产生新的公正的规则。新的规则要求集团成员的状况尽可能被人所了解，同时每个人都有可能了解他人的业绩（Douglas and Isherwood，1979：39）。

这种规则适用于从中世纪骑士的竞技场到股市和家禽的交换市场。不管历史年代如何，这种规则的目的都是"调节竞争"，保证"公平竞争"。因此"格栅"是一种社会规则（social regulation），是集团的内部规则。如果"集团"的概念具有外部性意义的话，那么"格栅"具有内部性意义。威尔达夫斯基把"格栅"解释为一种"法令"（prescription）。"格栅"强或高意味着影响人们之间相互作用的规则或作用多，而"格栅"弱或低则意味着规则或作用少，个人仅仅作为个体而与他人联系。

（二）文化类型

在文化理论中把"格栅"作为纵坐标，把集团作为横坐标，就会导出命运主义文化、阶层主义文化、个人主义文化和平等主义文化四种文化类型。表2-1说明了四种文化类型的特点（Douglas，1982a；Wildavsky，1987，1990；朴钟民编，2002）。

表2-1 四种文化类型

规制的数量与种类	集团界限的强度	
	弱	强
多且多样化	命运主义文化（不关心）	阶层主义文化（集团主义）
少且相似	个人主义文化（竞争）	平等主义文化（平等）

资料来源：Aaron Wildavsky, "Choosing Preferences by Constructing Institution: A Cultural Theory of Preference Formation", *American Political Science Review*, Vol, 81, No.1, March 1987.

强格栅—弱集团（high grid-low group）模式表现为集团界限弱，规制多的命运主义文化。在命运主义文化中，对个人有影响的决定不是自己做主，而是依靠外部人形成，个人虽然受集团的排挤，但义务性规定却很强。命运主义文化像阶层主义文化一样明确个人作用，维持不平等关系，强调个人履行自己的职责，重视彼此间的尊重，接受按照既有的等级享受相应待遇的阶层秩序。但又与阶层主义文化不同，在命运主义文化中，个人往往与集团游离，难以融入到集团之中，而这种孤立又不能像个人主义那样自由自在地谋求和规划自己的人生，只能适应于现实或者向现实妥协。

在命运主义文化中，个人难以预测自己的生活，人与人之间不能互相帮助，不能互相信任，疑惧之心使自己孤立，而孤立的社会关系又得以合理化。他们所关心的是在这样的危险社会中如何维持自己生存的问题。在命运主义文化中，社会成员不想分清公与私，他们对市场经济表示强烈不满，但又缺乏形成维护共同体利益的信心和能力。自我孤立的个人不是依靠市场和国家，而是更多地依靠以当权者私人关系为基础的支持网络来维持自己和家庭的生存。命运主义是与平等主义相对应的文化形式。

强格栅—强集团（high grid-high group）模式体现的是集团界线强，规制多的阶层主义文化。在阶层主义文化中，格栅严格，集团意识强，集团内部成员比起个人利益，更加强调集团利益和集团的繁荣，在已有的阶层秩序中彼此尊重并诚实地履行自己的职责。在阶层主义文化中，集团成员比起个人的选择和自由，更加重视集团的和谐，满足于自己所处的地位和所起的作用，很自然地接受彼此的不平等地位，欣然接受各种不同待遇，对阶层秩序做出肯定的评价。

在阶层主义文化看来，人性本恶，人是带着罪恶来到这个世界的，但人性又可塑，依靠制度可拯救。这样的人生观认同那种各种制度约束的社会生活方式。阶层主义把权威制度化，明确划分公与私的界线。这种文化处于个人主义文化和平等主义文化之间，在扩大国家职能的立场上与个人主义相冲突，在依据条件限制参与的立场上与平等主义相矛盾。阶层主义文化比起重视集团成员的参与和认同的共同体或重视个人选择的市场相比，更加拥护通过国家来实现共同的善。

弱格栅—弱集团（low grid-low group）模式表现为个人主义（Individualism）文化。在个人主义文化中格栅松弛，规制稀少，集团意识薄弱，在人际关系上最大限度地保障每个人的自由。个人主义认为规制人际关系的集团是个人根据自由意志选择自己生活方式的阻碍要素，因而把个人自由视为非常重要的价值。个人主义在平等的立场上通过彼此的协商来决定所有问题，对阶层秩序有强烈的排斥感。个人主义文化弱化同质性，追求异质性。

个人主义文化主张人的本性是追求自我（self-seeking），崇尚竞争性政治体制至上的詹姆士·麦迪逊（James Madison）的政治信念，也推崇亚当·斯密的以自由交易、自由交换为基础的经济理念。个人主义文化认为失败是个人的事情，相互独立的社会关系是正当的，社会是靠"看不见的手"来维持均衡。在个人主义文化看来，来自外部的规制和约束会影响个人的自由选择和自我决定，因而是不正当的，也是不必要的。个人主义文化崇尚政府干预最小化和个人选择最大化的"小政府大社会"模式。个人主义希望通过国家干预来缩小社会差异，并为每个人提供不同的发展机会。强调自我约束（self-regulation）的个人主义偏好市场制度，是与阶层主义相反的文化形态。

弱格栅—强集团（low grid-high group）体现的是集团界限强、规制弱的平等主义（Egalitarianism）文化。在平等主义文化中，人与人之间是平等的，没有内部权威结构，集团成员具有较强的共同体意识和身份认同感。平等主义文化强调对集团的忠诚，个人是在集团中寻找自己的价值，努力维系集团内部的平等关系，反对集团内部的不平等待遇，排斥集团内部的阶层秩序。平等主义文化推崇没有权威、没有强迫的生活方式，偏爱缩小宗族之间、收入水平之间、男女之间、师生之间、官民之间差异的政策。

平等主义文化并不追求自我，而是更加关心和照顾他人，强调协同与合作。人类腐败的原因就是存在像市场或国家这样的剥削和强迫的制度，因而通过营造没有剥削和强迫的社会环境，能使人变善。平等主义文化反对造成不平等的市场机制和个人主义生活方式，所有成员集团意识强，拒绝成员间的阶层秩序，集团成员在平等的位置上直接参与集团决策并追求集团的共同目标。平等主义文化为了实现共同的善，重视共同体建设，努力减少对市场的依赖性。

综上所述，不同文化样式对国家、市场和共同体的依赖程度不同。阶层主义文化更加依赖以阶层或纵向权威关系为基础的国家；个人主义文化更加依赖以契约关系为基础的市场；平等主义文化更多的是依靠所有成员参与和认同的共同体；在命运主义文化中,成员间彼此孤立,在实现共同体利益问题上处于被动和边缘化地位,通过权威者私人的监护关系来努力保护自己(朴钟民·金书勇,2002)。

三、文化理论对社会福利制度发展的意义

以上分析了各种文化类型,那么不同文化类型对社会福利制度的发展有何影响呢?

威尔达夫斯基(Wildavsky,1985:352)利用道格拉斯的文化理论,说明了文化和预算的关系,认为在命运主义文化处于支配地位的社会,为了维持个人地位和等级序列而使用税收收入,因而容易上调税率;而在个人主义文化占主导地位的社会,倾向于减少对权威的依赖性,希望尽可能降低税率;在平等主义文化占主导地位的社会,尽可能努力完成以再分配为目的的资源分配工作。

主张扩大社会福利制度的人们,具有强调中央政府作用的倾向,而强调政府作用的文化模式在阶层主义文化和平等主义文化中得到具体体现。阶层主义文化和平等主义文化在强调分配方面具有同质性,所不同的是阶层主义文化提供父权制(有时是控制性的)福利,而在平等主义文化中没有这种福利形式。同时阶层主义文化把牺牲的伦理——为了全体而牺牲部分——合理化,在国家再分配政策的推进程度上也比平等主义国家缓慢。

平等主义文化否认权威,认为只有在完全平等的条件下才能建设没有权威的社会。这种文化的最终目标是缩小集团间的差

异，包括宗族差异、收入水平差异、男女差异、父母之女差异、师生差异、官民差异等。若缩小差异的概念同预算相联系，则意味着财富从富裕者手中转移到贫困者手里，也就是把接济运气不佳者的制度予以一般化（Wildavsky，1985：351）。

威尔达夫斯基（Wildavsky，1985：351）认为，个人所做出的重要决定同时又是文化的选择。针对某种现象进行责难时，平等主义文化主要批判这一现象背后的某种体系，即给社会带来某种不平等的固有权威；阶层主义文化则批判违背社会规则，对集团带来危害的脱离集团之人；而个人主义文化则批判带来非生产性的个人。在与个人道德的问题上，阶层主义文化具有把政府干预正当化的保守主义倾向；平等主义文化则为了缩小经济水平的差异而认同政府对经济的干预；而个人主义文化则反对政府对个人生活的干预。

威尔达夫斯基把文化理论中的"集团"、"格栅"等概念应用于政治行动中，而朱再炫（2004）则描述了在不同生活方式下的社会福利制度发展的可能性。综合两者观点，可以推论出不同文化类型下所能产生和发展的不同福利制度的可能性。

第一，在集团内部没有对个人的约束力，集团归属感相对弱的个人主义文化中，制度型社会保障制度发展的可能性相对低。在个人主义文化中，多数人的基本生活不是通过国家和社会得到满足，而是在劳动市场上通过与他人竞争来实现的。也就是说，个人随时做好应对社会风险的准备，一旦陷入危险，个人不是依靠社会或政府来解决，而是通过自身的努力去解决，具有浓厚的自我负责的精神。因此在个人主义文化占主导地位的社会中，解决社会问题的责任主体是个人，对强制社会成员参加的社会保险制度持反对态度，因而在这样的社会以国家为主导的社会保障制度确立和发展需要一定的时间。

第二，在社会规制多、集团归属感弱的命运主义文化中，社会福利制度只能在有限的范围内发展起来。在命运主义文化中，无力满足个人生活需要的社会成员很难提出社会需要，个人追求福利的条件受到限制，难以形成社会福利意识，社会问题只有在严重影响正常社会秩序时才可能形成（朱再炫，2004：287）。因此，在命运主义文化中，制度型社会保障制度难以形成，只是在正常的社会运行机制发生故障时，政府才从中介入，实施剩余型社会福利（公共救济）制度。

第三，在社会规制多且多样化，集团归属感强的阶层主义文化中，国家主导的社会福利制度发展的可能性很大，但是在阶层主义文化占据主流的社会中，可能会形成和发展社会控制型社会福利制度，即在阶层主义文化中，成员集团归属感强，成员对自己所属集团或社会做出的贡献大，以此为代价，期待从集团或社会中得到更多的回报。而国家也为了保障社会安全，对集团或社会成员以社会福利形式给予报偿。在阶层主义文化中，能够形成对社会问题予以负责的社会责任概念，政府能够实施以全社会成员为对象的具有预防性的社会保障制度。但阶层主义文化中的社会保障制度具有父权制特点，社会成员身份的上下等级关系明确，对不同阶层享受不同待遇的现象能够以平和的态度予以接受。因而在这样的社会中，存在维持阶层间不平等关系的、具有社会控制性质的社会福利制度的可能性。在阶层主义文化中，社会福利制度被理解为虽然拉大了阶层间的差异，但也能够保障国民最低生活的制度装置。

最后，在没有更多的社会约束，对集团有高度归属感的平等主义文化中，发展社会福利制度的可能性最高。在平等主义占支配地位的社会中，满足个人基本需要的责任不在于个人，而在于社会。社会问题产生的原因不是来自于个人性格上的缺陷，而是来自于社会制度的矛盾之中，因而解决这些问题的主体不是个人，而是国家。对社会问题的这种社会或国家的责任意识，促使政府制定解决社会问题的政策方案。如果说在阶层主义文化中确立的社会保障制度是基于政府的家长式责任意识或者社会控制目的，那么在平等主义文化中的社会福利制度是基于所有社会成员都属于一个集团的共同体意识而形成的。

表 2-2 在不同文化类型下解决社会问题的责任主体、社会问题认知程度、社会保障制度发展的可能性和类型

	社会问题的责任主体	社会问题的社会认知程度	依赖国家与民间的程度	社会保障制度发展可能性和类型
个人主义文化	个人责任	很弱	完全依赖民间	可能性很低 剩余型社会福利制度
命运主义文化	个人责任	较弱	依赖民间	可能性较低 剩余型社会福利制度
阶层主义文化	个人责任+国家责任	较弱	依赖民间+依赖国家	可能性较高 控制型+制度型社会福利制度
平等主义文化	国家责任	很强	完全依赖国家	可能性很高 制度型社会福利制度

总之，根据不同文化类型，可以对解决社会问题的责任主体、对社会问题的认知程度、解决社会问题时对国家和民间的依赖程度、社会福利制度发展的可能性和类型等内容进行划分（参见表2-2）。

第三章
个人主义文化与社会福利

一、个人主义文化与社会福利
二、英国的个人主义与社会福利的发展
三、美国的个人主义与社会福利的发展

第三章　个人主义文化与社会福利

一、个人主义文化与社会福利

根据文化理论，在制约内部成员的规则少、集团归属感较弱的个人主义文化中，社会福利制度的发展表现出非常缓慢的倾向。在个人主义文化中，社会成员往往在劳动力市场上通过与他人的竞争来满足自己的基本需要，而不是依赖国家或社会；当个人处于危机状态时，自己独立应对社会风险，自己承担责任，也不是依靠社会。因此，在个人主义文化占主导地位的社会中，国民对以全民为对象，以强制参保为原则的社会保险制度并没有表现出更多的热情，除非发生大规模的经济危机或政治混乱等社会问题，否则不会考虑社会福利制度。

二、英国的个人主义与社会福利的发展

一般来说，与美国强势的个人主义意识形态相比，英国

的个人主义意识相对薄弱一些。但奥夫和斯考切波（Orloff and Skocpol, 1984: 734—735）却认为, 在19世纪后期和20世纪的英国社会中, 以自由放任主义和个人自助精神为特征的个人主义意识表现得非常强烈。英国的工业化进程虽然要早于德国, 但在个人主义文化的影响下, 英国社会保障制度的引入却晚于德国。在本章中, 主要考察福利国家政策出台之前的19世纪末和20世纪上半叶在英国社会广泛存在的个人主义文化对社会保障制度所产生的影响。

（一）福利国家之前的英国个人主义与社会福利

1. 19世纪之前英国的政治、经济、社会状况与《斯皮纳姆兰法》

16世纪初, 贫民问题首次成为英国社会问题, 当时的贫民是不隶属于任何庄园或封建领主的个人（Polanyi, 1944）。14世纪中期, 席卷欧洲的黑死病①使得欧洲人口骤减, 出现了很多流浪者。其结果导致农村劳动力十分匮乏, 产生了耕地转换为牧场的圈地运动（enclosure）②。圈地运动使很多农奴沦落为流浪者, 而被赶出土地的流浪者则变为贫民。可见, 英国都铎王朝（Tudor）③所实施的一系列济贫政策, 不过是在封建社会迅速崩

---

① 1348年到1349年两年间, 因黑死病而丧生的英国人口约为英国总人口的1/3。

② 圈地是指围栏, 若将土地作为农耕地则需要很多劳动力, 而如果用于牧场则只需在围栏内放羊养羊, 仅需要几个劳动者看管即可。因此圈地运动导致了羊驱逐农民的结果。

③ 都铎王朝于15世纪末至17世纪初统治英国。因此, 英国《济贫法》也被称为是《都铎济贫法》。

溃时期，为了应对不可预测的社会无序现象而出台的对策。作为都铎王朝济贫政策的集大成者，即1601年的《伊丽莎白济贫法》（Elizabeth Poor Law），整合了自14世纪以来针对贫民而颁布的各种法令。英国最初的济贫政策是1349年制定的《劳动者条例》（Stature of Laborers），该法令旨在防止黑死病和因歉收而导致的人口减少及流浪者增加的问题，进而避免封建社会的崩溃。为此，该法规定有流浪者和乞讨者不能随意流动、对脱离原教区的人们施加严酷刑罚的条款。在1388年制定的《济贫法》（Poor Law Act）中，对乞讨行为实施了一种许可制（李仁才，1999：57—58）。1601年的《伊丽莎白济贫法》汇集了从14世纪到16世纪期间的与贫民相关的法案，按照韦伯（Webb，1927）夫妇的观点，"以强制而济贫"是济贫法的核心。

《伊丽莎白济贫法》是以凡有劳动能力的人不能获得国家援助作为基本前提的。随着政治、经济、社会状况的变化，济贫法经过限制居所转移的《住所法》（1662）和把贫民收容到济贫院、迫使他们劳动的《济贫院检测法》（1722），最终演变为批判济贫院非人道环境、开创贫民可以在家中获得救助的院外福利之路的《吉尔伯特法》（1782）。但在《伊丽莎白济贫法》中最具历史意义的是1795年制定的《斯皮纳姆兰法》。

《斯皮纳姆兰法》是18世纪后期英国为了适应政治、经济、社会的变化而制定的法律，历经从18世纪初开始持续出现的经济繁荣，到18世纪90年代出现的经济疲软时期。1793—1815年的英法战争以及同期掀起的工业革命对英国社会产生了非常深远的影响。战争直接导致了物价的上升，第二次圈地运动（enclosure）

使得农民生活愈加贫困，而工业革命使手工业者破产，农村家庭工业开始衰落。亲眼目睹了临国——法国革命的英国统治阶级开始意识到英国也有发生贫民暴动可能性。所以贫民救济政策不仅是应对战争、农业歉收等问题的临时性政策，而且也是防止社会革命爆发的政策。对人口骤减的忧虑也推动了贫民救济政策的产生。当时部分学者依据有限的资料，准确地预测到18世纪人口增长率非常低或者出现负增长的趋势，并指出若要刺激经济增长，就必须扩充劳动力人口。因此当时的英国首相皮特实施了根据家庭人口数量对贫民提供补贴的法案。

《斯皮纳姆兰法》是这些济贫政策之一。1795年5月6日，聚集在伯克郡（Berkshire）纽伯里（Newbury）附近斯皮纳姆兰村（Speenhamland）的济贫官员们，根据自己所定的标准制定了《斯皮纳姆兰法》。具体内容为：当1加仑面包值1先令的时候，劳动者的救济补贴和工资的总收入为每周3先令，如果有妻子，总收入为4先令6便士；如果有妻子和1个孩子，总收入可达到6先令。如果劳动者的工资收入不足以购买生存所需要的面包，其不足部分由教会从济贫税中支付，因此《斯皮纳姆兰法》具有工资补贴的性质。按照这个法，劳动者可以根据家庭人口数量和面包价格的变化获得工资补贴，受工资和物价双重动态变化的社会保护。在制定社会保障制度时，考虑家庭规模对工资与生活水平的影响，这是前所未有的进步。《斯皮纳姆兰法》第一次从保障生存权（right to live）的视角引入了社会保障制度，波兰尼（Polanyi, 1944）说，这个法将会带来社会经济的重大变革。

《斯皮纳姆兰法》是在工业革命的推进中形成的。1795年，雇主们在制定《斯皮纳姆兰法》之际，提出废除禁止贫民在教区之间流动的《住所法》，希望以此来确保劳动力的流动，而《斯皮纳姆兰法》规定不论工资多少，教区都会扶养其家庭，因而劳动者没有必要惧怕饥饿。《斯皮纳姆兰法》虽然以保障来自市场威胁的生存权为前提，但同时也蕴涵着在废除《住所法》以后，应对劳动力流向高工资地区、保护农村社会的努力（Polanyi，1944：88—89），即《斯皮纳姆兰法》是封建社会对资本主义市场经济发出的最后的应对措施。波兰尼（Polanyi，1944）对《斯皮纳姆兰法》给予了高度评价，指出《斯皮纳姆兰法》意味着一个时代的终结。然而由于英国社会不能接受基于生存权而给付的社会福利体制，同时个人主义倾向强烈的自由放任主义又广泛流传，因而《斯皮纳姆兰法》未能持续实施下去。

2. 基于个人主义文化的自由放任主义

自由放任主义的古典经济学创始人——亚当·斯密（Adam Smith）在1776年出版的《国富论》（Wealth of Nations）中批判了重商主义，指出"重商主义者的规制使多数消费者的费用满足了少数生产者的利益"。斯密认为消费是生产的目的，消费者的需求只有在自由竞争的市场中才能得到最充分的满足。亚当·斯密还指出，个人只有在追求自己利益时才能使社会经济的增长实现最大化，而为达到这一目标，就需要确立自由贸易与自由市场的经济制度。他认为，每个人都有希望成为富者的本能，社会与其压制人类的这种本能，不如好好利用，这是社会发展的捷径。

斯密认为人类的自私本能会成为优秀的资源，政府不应该抑制人的自私本能。依赖于宽容、同情、博爱等情感会使人变得更加懒惰，国家会变得越加贫困。人虽然有时需要他人的帮助，但不能过于依赖他人的帮助或国家的保护。斯密认为社会保障会破坏自我节制或禁欲等传统道德规范，他还敌视隐藏于利他主义中的虚伪和欺骗，认为人的本能欲望，尤其是"贪欲"本能得到充分发挥是社会繁荣和进步的必要条件（许久生，2002：257）。在亚当·斯密看来，核心经济原则应该是以个人主义为基础的推动自由竞争的"自由放任"（laissez faire）。

斯密在《国富论》中如此写道：

> 没有追求公益的意愿……只追求个人利益的人，受"看不见的手"（invisible hand）的指引，会得到意想不到的额外的成果。（李承焕，1994：47）

在《国富论》中，亚当·斯密第一次提到了"看不见的手"，而"看不见的手"的实质是自由放任。以自由放任主义为基础的古典经济学支配着整个维多利亚时代①的英国政治和经济。这一时代的英国人认为不进行任何干预的、听之任之的政府才是最好的政府。国家被称为"守夜人"，国家只需要履行保护市民生命和财产安全的功能，除此之外，一切顺其自然，不应干预。工业革命以前的重商主义时代，政府还具有为国家做事的义务，但在维多利亚时代，任何领域都充斥着"政府的干预越少越

---

① 维多利亚时代是指从维多利亚女王登基的1837年到退位的1901年间的65年，维多亚利黄金时代是指从1851年第一届万国博览会到19世纪70年代经济危机开始的25年。

好"的自由放任的思想。虽然还有因工业化和城市化而制定的《工厂法》等非自由放任的政策,但自由放任的理念一直持续了19世纪四分之三的时代(宋奎范,1983:85—86)。

总之,支配着19世纪中期维多利亚时代的经济思想,对所有勤俭节约的人赋予了同等机会,而这种思想是在竞争中追求自己利益的自由放任主义。在这种自由放任主义的思想支配下,政府对国民的作用不可能是积极的、能动的,而是非常有限的,这是个人主义为基础的文化使然。当时最优的政府就是规制少,对人不做任何限制的政府。19世纪中期,英国在充满活力的自由主义体制下迅猛发展,勤劳和竞争是经济道德的最佳表现,贫困是罪恶,是懒惰与怠工的结果。可见,在这种个人主义文化的背景下,引入社会保障制度的观点是得不到社会的支持的,也显得缺乏说服力。

3. 对《斯皮纳姆兰法》的批判

如前所述,《斯皮纳姆兰法》是根据家庭人口数量和粮食价格来计算标准生活费的,当劳动者的收入不及基本生活费时,用教区的济贫税来补足基本生活费用。《斯皮纳姆兰法》是用中产阶级或上流阶层缴纳的税金,根据家庭人口数量和物价上升的因素,向贫民提供生活补助金,以保障贫民生存权的法案。但《斯皮纳姆兰法》在当时却受到了以个人主义价值观为代表的自由放任主义者的尖锐批判。当时最具代表性的批判者是边沁(Jeremy Bentham)和马尔萨斯(Thomas Malthus)。

边沁信奉"每个人最清楚自己利益"(each individual know his own interest best)的自由放任主义。边沁虽然提出只有确立对所有人赋予选举权的普遍选举制，所有意见进行自由交换并根据投票加以限制，才能实现最大多数人的最大幸福的功利主义原则，但他与亚当·斯密一样，积极乐观地看待市场的作用。他坚信，追求私人利益的个人行为会在市场中得到自然而然的调节，达到和谐的状态，但这种状态只能在"正常市场"中才能得以实现。根据他的理论，市场越是正常运转，政府的作用应该越少，国家权利制约个人活动有悖于功利主义原则。他虽然赞成政府实施济贫的国家福利、制约工厂条件的立法活动、替代失业的公共作业现场制度，但这些方案都是维持市场发挥正常功能的方法。在边沁看来，真正的社会保障是通过市场功能而自然形成的，国家的作用应限制在保障市场正常运转的单纯的辅助行为之中（许久生，2002：259—260）。

马尔萨斯（Thomas Malthus，1766—1834）也对《斯皮纳姆兰法》持批判态度。马尔萨斯在其代表作《人口论》（*Essay on the Principle of Population*）中指出："规定政府对贫困的救济责任的《斯皮纳姆兰法》，会使人口增长、贫民生活水平降低、贫民数量增加，因而应该废除。"他在1789年《人口论》的初稿中如此写道：

> 英国的济贫法（《斯皮纳姆兰法》）引导贫民在没有扶养家人能力的情况下允许结婚，这样不仅没有增进经济生产，反而导致人口增加。人口增加使得粮食分配量越加减少，无法受到教区保护的劳动者只能购买比过去更少的粮食。结果越来越多的劳动者申请救济。

习艺所（workhouse，收容社会上被认为是最没有价值的人的地方）消耗着粮食，减少了本应该给勤奋劳动的人，这样降低了勤劳人民的独立进取心。(《人口论》第6章；Rimlinger，1971：39）

马尔萨斯认为《斯皮纳姆兰法》不但会导致这种非生产性的经济结果，还会对社会产生负面影响。他认为贫民救济不但有损于贫民的自立精神，还会影响到勤劳人民的自立精神。马尔萨斯指出，贫民习惯于把自己的困境转嫁给统治者，贫困是缺乏对未来的应对措施和节约精神的结果，因而救助贫困有悖于自然法则，会导致更大的不幸。马尔萨斯认为，废除《斯皮纳姆兰法》可以抑制人口增长，预防自立精神的毁损，进而可以从道德和物质上改善社会（Rimlinger，1971：40）①。当时马尔萨斯的主张能够受到人们的拥护，不是因为他的主张科学、合理，②而是因为当时个人主义式的自由放任的意识形态，促使人们把马尔萨斯的观点同反对济贫法的哲学思考结合起来，使人们接受了马尔

---

① 博纳尔（Bonar，1885）认为没有"人口论"提出的有关《斯皮纳姆兰法》的讨论，就不可能诞生1834年的新济贫法，可见马尔萨斯的"人口论"对济贫法的影响力有多大（Rimlinger，1971：51）。博纳尔称马尔萨斯为"新济贫法之父"（father of new poor law）。

② 其实马尔萨斯的"人口论"并不科学也不合理。他认为，人口以几何基数形式增长，这是不正确的预言。原因不单是马尔萨斯犯了统计失误，而且因为他遗漏了一些历史重要因素。马尔萨斯在美国人口调查资料中虽然明确区分了美国本土人口和移民人口，但没有确认其准确性。美国人口增加的原因不单是出生率，大量移民的流入也是非常重要的因素。可是马尔萨斯却将人口增长率等同于出生率减死亡率得出的值，这样算起来，美国的母亲还负责"生育"大量流向纽约港的移民。其中最为严重的错误是，马尔萨斯未能预测农业、工业、医疗领域的革命性发展（参见Todd G. Bucholz, *New Idea from Deal Economist*，李承焕译）。

萨斯的主张，其结果是，《斯皮纳姆兰法》未能逃脱被废除的命运。《斯皮纳姆兰法》于1834年被废止，由新济贫法取而代之。

4. 基于个人主义的新济贫法

《斯皮纳姆兰法》出台以后，济贫税负担大幅增加。例如，1801年的济贫费用支出高达1760年的三倍，而1818年的济贫支出上升了6倍。济贫支出的增加在1818年达到了顶峰，1832年英国人口增加了近两倍，而济贫费用的支出却是1760年的5.5倍（南灿燮，2001：201）。

在这种情况下，为了调查济贫法的实施情况，英国政府于1832年2月成立了"济贫法皇家调查委员会"（Royal Commission for Inquiring into the Administration and Practical Operation）。调查委员进行了持续两年的广泛的、有组织的社会调查，几乎所有的郡（country）和城市都成为调查对象，还覆盖了相当多的农村地区。1833年，委员会提交了长达13 000卷的调查报告，内容涉及职业、阶层、利益关系、教育程度等领域。在1834年发表的最终报告中，开篇就提出《斯皮纳姆兰法》违背了济贫法精神，对劳动阶级的道德与社会整体利益起了破坏性作用的结论（许久生，2002：265）。

在皇家调查委员会的最终报告中，开篇提出了如下的调查结果：

此法是伊丽莎白女王四十三年制定的，其中规定济贫基金应该用于儿童和无法工作的人，同时应该向有劳动能力却没有工作岗位的人提供工作岗位。但在我们的调查中发现大部分地区的基金使用，不但违背了以上规定，还有悖于济贫法的立法精神，破坏了英国大多数人的道德习惯，最终破坏了所有人的福利。宣布这样的调查结果，我们深感遗憾和痛苦。(Schweinitz, 1947：118；2001：209）

皇家调查委员会的报告未提及贫民依赖于福利的经济情况及其原因，而重点讨论了贫民福利受惠者在道德上的堕落，而且把自立劳动者家庭的勤俭持家和有序生活状况同福利受惠者家庭的肮脏、浪费、无序生活进行了对比。该报告只是强调了贫民救济制度在收入补贴方面所具有的负面影响，而没有关注《斯皮纳姆兰法》本身存在的问题，也没有提出对此进行行政改革和完善的建议。

从主张废除《斯皮纳姆兰法》的皇家委员会的立场来看，按照《斯皮纳姆兰法》的规定，收入未达到法律规定的家庭，即使有工作的人，也能成为救济对象，无论其工资水平如何，通过救济都会达到相同的收入，因此劳动者不关心自己的劳动是否满足了雇主的要求，而雇主向劳动者无论支付多么低的工资，劳动者都可以从济贫税中得到补偿，使劳动者及其家庭的收入达到法定水平，这样的结果会导致工资的下降和济贫税的增加。

斯皮纳姆兰制度作为收入补偿制度而带来的最坏的结果是连通过自己的劳动维持生计的自立劳动者（independent labourers）也可能沦落为福利依赖者（pauper）。雇主们滥用这一制度，支付低于正常水平的工资，所以劳动者只能依赖于教区所支付的补助金，这样会导致福利依赖者的收入高于自立劳动者收入的可能性。如果劳动者因此而丧失了独立的经济地位,最终连自信、责任、节制、勤勉等道德德行也都会消失殆尽(许久生,2002:265—266)。

皇家委员会的报告带来了将要支配半个世纪的1834年新济贫法的诞生。新济贫法如实反映了维多利亚中期的个人主义社会哲学的贫困观。波兰尼如此描写了新济贫法的残酷性:

> 1834年的新济贫法废除了《斯皮纳姆兰法》所倡导的生存权。新济贫法的残酷性沉重地打击了19世纪三四十年代的大众情绪,引起了大众的强烈抗议。院外救济的废除使多数贫民置于放任状态,变得更加贫困,而在变得更加悲惨的贫民中,还有一部分人因羞于进入济贫院而成为"没有被救济资格的贫民"(undeserving poor)。在近代思想史中,这种非人性的社会改革也许是绝无仅有的。表面上制定贫困标准,严格审查进济贫院的入院资格,但实际上这践踏了很多人的生存权利。劳动犹如在磨面机齿轮上注油一样,在严格的拷问和审查中进行,而这种审查在稳健的慈善家的冷静辩护下得以顺利进行。(Polanyi,1944:82;朴炫洙,1991:107)

济贫法体制在努力维持走向崩溃的封建社会的势力与努力扩大悄然登场的资本主义势力的相互对立过程中逐渐发生了变化(Polanyi,1944)。1601年,《伊丽莎白济贫法》和《住所法》

是传统社会对威胁封建社会的社会无序现象所表现出来的恐惧,而《斯皮纳姆兰法》是与人道主义结合起来,试图维护传统社会的最后努力。然而这些制度未能有效地应对劳动力的自由流动和劳动力市场的扩大过程。① 替代《斯皮纳姆兰法》的新济贫法实际上公布了贫困是罪恶的事实(Monypenny,1910:374)。1834年的新济贫法意味着信奉个人主义的自由放任主义的胜利。

新济贫法的核心是"劣等处置原则"(principle of less eligibility)。劣等处置原则是指受助者的生活状态,实际上或名义上应该低于最下层自立劳动者的生活。劣等处置原则对19世纪和20世纪的英国济贫政策产生了深远的影响。对新济贫法劣等处置原则起到核心作用的人是边沁的学生、政治经济学家查德威克(Edwin Chadwick)②。查德威克所制定的劣等处置原则为制定自由劳动力市场的发展、劳动者之间自立和勤劳精神的传播、向具有劳动能力的贫民不提供救护等方案提供了理论依据。

劣等处置原则也成为"只要实施得当"就能使救济变得"有效"的新人力资源政策的依据(Finer,1952:45)。实际上,劣等处置原则具有社会上达成共识的内容,同时因其比较了自立劳

---

① 甚至对贫民一直表现出友好态度的韦伯夫妇(Webb)也如此评价《斯皮纳姆兰法》的不合理性,指出:"损害贤明的雇主与热情的劳动者,向懒惰的劳动者和仅关注个人利益的雇主提供公共基金是有损于经济政策的,当然也不利于人类的精神。"(Redford,1926:77)

② 查德威克是边沁的学生,也是对行政改革具有独到见解的学者。他建立了与新济贫法实施相关的行政改革的基本框架。将教区联盟(Union)作为基本单位;在中央设立济贫委员会、实现济贫行政的中央集权和全国统一的原则等都是查德威克提出的方案(朴光俊,2002:134)。

动者与福利依赖者的差别而更具说服力。《斯皮纳姆兰法》试图用面包价格与家庭人数来计算客观的最低生活费，而与此相反，劣等处置原则是把贫民的生活条件与自立劳动者的生活条件在相对层面上进行了比较。劣等处置原则作为对自由市场的信赖和个人主义的维多利亚时期的主要价值观而持续存在。当时对自由市场的信赖和个人主义成为英国社会的主要价值观，强调贫困的主要原因是个人性格的缺陷，其治疗手段为劣等处置原则和济贫院制度。

5. 个人主义自助精神与社会保险制度

如果说支配19世纪中期的英国经济思想是古典经济理论的自由放任主义，那么这时期社会最高的道德标准和价值判断就是自助（self-help）。维多利亚时期最高的价值观是基于个人主义的自助精神。自助价值观在塞缪尔·斯迈尔斯（Samuel Smiles）的笔下被描写得熠熠生辉。他在1895年出版的《自助》一书，可谓是风靡一时。在该书的开篇就引用了"天助自助者"的格言。在这本畅销书中，他阐述了"自助精神是个人发展的根本，是国家繁荣的源泉"的观点。他认为，最好的助人型社会制度应该让个人自己改变自己的现状，自己发展自己；即使我们试图用法律来根除社会之恶，如果个人的生活和性格不发生明显的改变的话，社会之恶还是以新的形态产生，因此最高的爱国和博爱不是修改法律或修正政策，而是努力刺激自己，改变自身（Smiles，1859；朴炳铉，2005）。

维多利亚时代的社会思想家从个人道德视角，而不是从经济的观点对待贫困，贫困原因归为个人性格的缺陷，而不是环境的结果。他们把乞讨者看做非道德和堕落之人,把与贫民共同生活的人视为愿意接受慈善救济之人。虽然亨利·梅休(Henry Mayhew)批判从人的道德行为中寻找贫困原因的观点,但是当时的主流思想是把贫民视为没有进取心的非道德之人,因而不主张对贫民提供救济(Jones,1984:262—264)。这个时期的政府,只是在有限的范围内开展了公共济贫事业,而此时"济贫法"起了主要作用。

自助的价值观促进了反对社会保障制度的共济会(friendly society)的形成。共济会是具有强烈的个人主义倾向的志愿者团体。共济会推崇维多利亚时代"自助"的伦理和价值,共济会的运营方式是从劳动者(包括低收入劳动者)那里募集捐赠金,支付会员的疾病、医疗、丧葬等费用。19世纪末,有50%以上的成年男人参加了共济会,到1872年,参加共济会的会员达到400万人,受惠者达到800万人次,已经超过当时的工会规模。共济会的发展壮大虽然在一定范围内保护会员,提高会员的生活质量,但共济会实际上延缓了现代社会保障制的产生(Treble,1970;Gilbert,1966:165—221)。虽然19世纪末,因劳动者的平均寿命比预期长,使共济会的财政收入相对减少,但替代社会保障作用的共济会造就了劳动者阶层的核心文化,形成反对实施公共社会保障制度的社会共识。虽然共济会的会员限制在男性熟练劳动者范围内,但共济会在形成劳动者阶层的连带意识和互助文化方面做出了重大的贡献。

19世纪的英国,"自助"价值观处于支配地位,并成为实施社会保险制度的阻碍因素,但在100年后的现代,"自助"价值观作为缩减社会福利的价值依据而又重新登场了。英国福利国家的建设是始于否定维多利亚时代主流价值的"自助精神",但是经历"不满冬季"(winter of discontent),且政治经济秩序开始发生动摇的1979年5月,撒切尔开始执政。撒切尔政府在"回到维多利亚时代"的口号下,提出了"自由经济和富强国家"的目标,指出国家的经济干预是带来经济危机的主要原因,进而公然反对凯恩斯主义的经济理论,开始了福利国家的改革。

撒切尔试图改革福利国家,用维多利亚时代的福利原则替代贝弗里奇的福利原则,而这种改革的核心是替代对全民承担福利责任的贝弗里奇原则,强调自助和个人责任的原则。这个原则是基于"天助自助者"的逻辑,嘲笑福利受惠者为依赖者、无能者,也是塞缪尔·斯迈尔斯(Samuel Smiles)在1859年出版的《自助》一书中使用的"天助自助者"格言的再次登场。由此,撒切尔政府轻而易举地把英国社会福利行政原则转换为维多利亚时代的"自助"精神。后文将要论述德国、日本、瑞典的福利制度,在1980年前后,这些国家也经历了与英国相似的经济危机,也同样进行福利国家的改革,但英国比起其他国家更容易缩减社会福利项目,其原因是渗透在英国人生活中的个人主义文化。

6. 体现在慈善组织协会中的个人主义与社会保障制度

19世纪中后期是英国实施抑制贫民的新济贫法时期,但也是博爱主义情感与实践不断升级的时期。尤其是在工业革命中积累大量财富的慈善团体,围绕伦敦东区(East End)的贫民区开展了以救济贫民、抑制乞讨、访问贫民为目的的慈善活动。博爱主义慈善团体不断增多的背后原因是1860—1861年面临的一次寒冬。当时的冬天对贫民来说是难熬时期,伦敦市民陷入了艰难的困境。当年的冬天异常寒冷,冰结得厚厚的,雪下得大大的,户外工作根本无法进行。未曾申请救济的贫民在当年冬天也去申请救济,被救济的贫民增加了4万余人。这种状况使得慈善机构迅速增加,根据罗(Low,1861)的统计,当时伦敦的慈善团体达到640家,其中279家是创立于1800—1850年间,而144家是创立于1850—1860年间。其间共有250万英镑在慈善事业的名目下支出,支出规模甚至超过了政府依据济贫法支出的财政规模(朴光俊,2002:158)。

但是这些慈善团体未与公共济贫当局取得联系,也未形成合作局面,当然各慈善团体对慈善活动的区域和内容也未进行沟通与交流。这种无分类的慈善致使依赖于慈善而生存的人们出现了道德上的堕落,导致了资源的浪费。这一系列问题在1867年伦敦东区的格林(John R.Green)神父向《星期六评论》(*Saturday Review*)投稿发表的有关乞讨文化(pauperism)的文章中可见一斑:

> 伦敦东区(East End)的大部分神职人员都充当着相当于济贫官员的角色。每年会有大量财富得以聚集并通过神职人员直接或通过家访者的间接方式予以分配。其中家访人员中的9/10是女性,但这些女性多数是对集资资金的合理分配没有表现出任何关心的人。伦敦东区有一百余家不同的机构,这些机构有时在同一地区开展救济活动,相互间没有任何协商和合作,也没有对方活动的任何信息。因此与乞讨相关的欺骗行为达到了极

点，乞丐也在迅速增加，结果就是毫无羞耻之心的、厚颜无耻的乞讨文化猖獗一时。（*Saturday Review*，Dec. 28th，1867；南灿燮，2001：248）

这种情况自然会引发人们的反思，各慈善机构之间相互合作、互换信息的必要性自然会被人们所提及，于是1869年4月23日成立了"慈善救济组织化与抑制乞讨协会"（The Society for Organizing Charitable Relief and Repressing Mendicity），翌年更名为"慈善组织协会"（Charity Organization Society，简称COS）。

洛奇①（Loch，1892：50）是当时慈善组织协会的领导者之一，他指出慈善组织协会的目标有三：第一，加强慈善机构间的合作；第二，实行合理的调查，对所有对象采取适当的保障措施；第三，防止乞讨，改善贫民生活条件。这样通过整合和调整各自为政的慈善机构，纠正了重复实施慈善的现状，充分调查贫民的具体情况，针对有援助需要的人提供了适当援助。

慈善组织协会从个人性格上寻找贫困的原由，认为不改变个人性格，解决贫困问题就无从谈起。慈善组织协会忽略了当时的社会经济条件和状况对贫困产生影响的事实。慈善组织协会的这种意识形态是受当时处于支配地位的自由放任的个人主义影响的结果。直到19世纪末，慈善组织协会一直都主导着有关贫民问题的中产阶层的舆论，体现了没有政府干预而解决贫困问题的自由放任主义的努力，调整着民间的所有慈善活动，实现民间公益活

---

① 洛奇是1895年皇家委员会（Royal commission）成员，他批判向根据个人属性处理个人问题的济贫法权威进行挑战的救济项目。

动的最大化。慈善组织协会的基本精神是立足于个人主义，提高受助人的道德心和价值观。慈善具有财富由上层或中产阶层向贫困阶层移动的再分配功能，但这种再分配仅在现有的社会体系框架内进行。因此，慈善活动是在承认中产阶层和下级阶层及劳动者阶层间的社会差别为前提，把富人和穷人之间的不平等视为既成事实。同时慈善是抵消社会改革潮流的社会控制手段，是将中产阶层的价值观——自助、勤俭、节约——传递到下层或劳动阶层的途径，以慈善形式进行的友好访问（friendly visiting）不过是中产阶层对下层贫民生活方式的文化渗透（朴炳铉，1997：57）。

慈善组织协会的理念是维多利亚时代中产阶层所具有的、基于个人主义的勤劳、自助和节约等观念。慈善组织协会要求友好访问人员严格区分"具有受助资格的贫民"（deserving poor）和应依赖于市场功能的"没有受助资格的贫民"（undeserving poor），并仅向具有受助资格的贫民提供救济，因为慈善组织协会并不认为贫困是因经济或社会体系的矛盾而产生的现象。继承1834年新济贫法的精神，彻底适用劣等处置原则的慈善组织协会在19世纪70年代进入了黄金时期。慈善组织协会追求的是道德改革，而不是社会改革，认为只有自助精神才是帮助贫民摆脱贫困状态的唯一途径。同时慈善组织协会在地方行政官员的强有力的支持下，坚决反对政府所推行的年金制度。

担任1875—1914年伦敦慈善组织协会事务总长的洛奇（Loch）认为，解决老年贫困问题的最佳方式是不论男女，拒绝向具有劳动能力的人提供院外救济，即回到1834年新济贫法时代（Loch，1892：40）。英国友好访问团先驱——奥克维娅·希尔（Octavia Hill）主张靠志愿团体的救济可以解决老年贫困问题，因而他也反对实施老龄年金制度，认为老龄年金制度会降低贫民的道德性。

直至19世纪70年代，支配英国的社会思想是所谓的理想社会，就是勤劳节俭的、每个人都有同等机会、通过与他人竞争获取个人利益的社会。当时的自由放任主义因来自自然科学发展的某种理论而得到强化。1859年，生物学家达尔文（Darwin）出版了《物种起源》（Origins of Species）一书，一些思想家认为达尔文的"适者生存"（the survival of the fittest）原理同样适用于人类社会，并把这一原理奉为一条教义（doctrine）。在这样的社会思潮下，政府对国民的作用自然有限，最好的政府就是约束少，对人们不管不顾，听之任之的政府。在19世纪中期的资本主义体制下，自助被认为是经济德行的最佳表现，贫困是最恶，是懒惰的结果。这种思想与当时处于支配地位的个人主义文化一脉相承。

19世纪末达到鼎盛的慈善组织协会的理念，100年之后在撒切尔政府中得以重现。撒切尔政府的福利原则是否定贝弗里奇的普遍主义原则，适用维多利亚时代的价值，即个别主义原则。个别主义通过严格的资产调查，区分"有价值的贫民"和"没有价值的贫民"，进而只能向前者施以救济。撒切尔政府以新济贫法的劣等处置原则来代替维持全民最低生活的贝弗里奇原则。

德国、日本或瑞典的福利国家的改革是在通过技术性战略开发可以解决危机的信念基础上展开的，但英国或美国的福利国家的改革却是以福利国家理论的失败为前提（李惠炅，1986：80）。在英国和美国的福利国家改革中，这种前提得以确立的原因是在这两个国家中排斥社会保障的个人主义文化根深蒂固的缘故。

（二）个人主义的衰退与社会保障制度的发展

在英国，1906—1914年间以个人主义为背景的自由放任主义逐步衰落，各种具有进步意义的改革逐渐展开，这一时期被称为进步性改革（Liberal Refrom）的时代。英国在这一时期制定了《老龄年金法》（1908）、规定了包括医疗保险和失业保险的《国民保险法》（1911），这些法律的出台为建立福利国家奠定了基础。由此，1906—1914年间英国自由党政府的社会改革可以被视为现代福利国家的起源。

1. 个人主义衰落和贫困的再发现

在英国，基于自由放任的价值观与自助的社会思想逐渐衰落，国家干预并进行社会改革的要求日趋强烈，而产生这种愿望的主要契机是从1873年开始的经济危机①的长期持续而导致的社会危机感和由19世纪80年代布斯（Booth）发表的贫困状况调查而引发的对贫困问题的重新认识。

进入19世纪70年代后期，英国开始出现经济不景气的现象。英国的经济不景气直接减少了贸易出口，1872年英国的出口规模约为2.5亿英镑，而1879年缩减到1.9亿英镑。经济不景气现象愈演愈烈，在1878—1879年间，英国经受了史上最严重的经济危机时期。全国各地大公司纷纷破产，矿厂或钢铁厂陷于停产，经济

---

① 1873—1896年在英国经济史上称为大恐慌，经济危机程度非常严重，持续时间也非常长。

不稳定因素渗透到经济生活的各个领域。几乎所有行业都存在大量的失业人员，而且呈现出不断增加的趋势。根据英国工会的统计，1872年失业率仅为1%，而在1879年25%的劳动者沦落为失业者。此次危机①与以往相比，在性质上迥然不同，因为此次经济危机已经影响到社会的层面。这次危机因为以下四个因素混杂在一起，使得危机影响范围更广。第一，此次危机是以6—7年为周期的严重的危机；第二，此次危机导致历史悠久的产业体系的结构性衰落；第三，城市工业区产业工人的住房不足现象严重；第四，挑战传统的个人主义为基础的自由主义意识形态的社会主义和集体主义登场（Jones，1984：281；朴炳铉，2005：54）。

经济危机使过去被无限增长的社会财富和生产力提高的表象所掩盖的贫困现象，通过实际调查被人们所认识。当然以贫民为主题所做的文章并不是19世纪80年才出现的新论调（Genre）。在维多利亚时代中期的1849年，伦敦记者梅休（Mayhew）通过社会调查指出了不正规雇佣对非熟练劳动者所产生的影响。梅休在《早晨记事》（*The Morning Chronicle*）上发表了根据调查而撰写的一系列文章，1851年又将这些文章装订成册，出版了《伦敦的劳动与伦敦的贫民》（*London Labour and the London Poor*）一书。梅休在此书中指出："让临时受雇的劳动者过着勤劳、有节制的生活，这在道德上是不可能的。勤劳与节制是在持续雇佣和有稳定收入的条件下才会形成的习惯，因而在劳动力市场不稳定的地区出现堕落、懒惰、无节制的现象是很自然的。"由此他认为

---

① 19世纪80年代之前的经济危机始于1866年。

懒惰、无节制等不是失业或贫困的原因,而是其结果①。被称为英国黄金时代的维多利亚时代中期,到处都充斥着自由放任式的个人主义意识形态,而梅休恰好此时发表这样的社会调查,这是对当时经济、社会潮流非常具有冲击力的挑战(朴炳铉,2005:54)。

19世纪五六十年代有关贫困的著作都限于对贫困的描述,然而19世纪80年代的文章,从批判的视角考察了贫困状态并要求社会的变革。亨利·乔治(Henry George)在1881年出版的《进步与贫困》(*Progress and Poverty*)一书中汇集了人们对贫困问题的关注。宗教人士也对英国社会的隐性贫困现状予以关注,其代表人物是安德鲁·默恩斯(Andrew Mearns)牧师。默恩斯牧师在《被遗弃的伦敦人的悲壮呐喊》(*The Bitter Cry of Outcast London*)②一书中揭露了伦敦贫困家庭因恶劣的居住环境而导致的凄惨生活。另一位宗教人士是救世军(Salvation Army)的创始人威廉·布斯(William Booth),他揭露了存在于富裕和文明中的黑暗面。他在1890年出版的著作《黑暗英国和出路》(*In Darkest England and the Way Out*)③中,描述了在不见天日的黑暗中喘息的英国贫民的实际生存状态(朴炳铉,

---

① 此书可以与19世纪末社会调查的代表者布斯和罗恩特里的著作相提并论,但此书却比他们的著作分别早了38年和52年。

② 此书于1883年出版初版,1970年再版。默恩斯牧师的主要目的是促进教会政策的变化,而不是影响社会政策,对劳动者住房政策产生颇多影响。

③ 威廉·布斯(William Booth)和查尔斯·布斯(Charles Booth)不存在任何亲属关系,本文的题目——因命题范围过于庞大,其中又有需要缜密的论证过程——主要参考了风靡英国的亨利·斯坦利(Henry Stanley)的《黑暗中的非洲》(*In Darkest Africa*)。

2005：55）。

在这些著作中虽然都提到了对贫困产生影响的社会结构等环境因素，但却没有明确的根据来确定贫困的扩大范围，而回答以上问题的人是查尔斯·布斯（Charles Booth）和希伯姆·罗恩特里（Benjamin Seebohm Rowntree）。两位学者的调查对撼动当时处于支配地位的个人主义起到了非常重要的作用。

布斯在1889年出版了《伦敦市民的生活与劳动》（Life and Labour of the People in London）一书。在书中，他将伦敦东部地区的人口分为8个阶层，其中最为贫困的阶层定为A、B阶层；处于贫困状态的为C、D阶层；合计可算出伦敦东部的35%的市民处于贫困状态，在处于贫困状态的65岁以上老人中8/9的老年人是因年老而处于贫困状态，这是动摇个人主义基础的最具冲击力的调查报告（Booth，1890）①。

罗恩特里发表了1902年约克（York）市贫困状态的调查报告。他深受布斯社会调查的影响，认为布斯的调查结果不但适用于伦敦，还适用于其他城市，由此，他展开了对约克市的贫困调查。罗恩特里的调查研究在调查方法上得到了优于布斯的评价，但得出的结果却与布斯相似。罗恩特里依据劳动者的营养需要设定了贫困线，将贫困分为1级贫困与2级贫困。处于1级贫困的家庭是指无力购买食品、燃料、衣物、住所等基本生活资料中的任何一项的家庭；以上四种基本生活资料都无法满足的家庭为2级贫困家庭。根据罗恩特理的调查，在约克市的劳动人口中9.91%

---

① 调查伦敦整个地区的结果是30.7%的人处于贫困状态。

的人口属于1级贫困，17.93%的劳动人口属于2级贫困，即28%的劳动人口处于贫困状态，而在贫困原因中52%是因为低工资。这个数据虽然不及布斯所提出的贫困规模，但同样说明贫困在英国广泛存在的事实（Rowntree，1902；朴炳铉，2005：56）。①

布斯与罗恩特里调查研究的最大意义在于改变了过去认为贫困源于个人的性格缺陷的观念，使人们认识到了贫困问题不是"个人性格缺陷的乞讨"（pauperism）问题，而是"经济现象的贫困"（poverty）。布斯与罗恩特里的调查结果成为反驳当时普遍观念——贫困是由个人的性格缺陷的结果，只有通过抑制型的济贫法才能治愈贫困——的论据，也成为用积极的国家干预解决贫困问题的强有力的政策依据。

2. 邻保馆运动

英国邻保馆②运动的创始人是巴内特牧师。在牧师的指导下，牛津和剑桥大学的青年学子开始与伦敦的贫民一起生活，建立了邻保馆。第一个邻保馆是于1884年建立的汤恩比馆（Toynbee Hall）③，而到19世纪末在城市贫民区共建立了三十余所，1911

---

① 此项调查是罗恩特里在28岁时进行的，罗恩特里在大学所学的专业是营养学。最近一些受费边社会主义影响的人士或儿童贫困预防团体却对罗恩特里的研究提出了批评，因为罗恩特里在调查中用营养学的绝对概念解释贫困，并过于严格地测量了贫困的尺度。罗恩特里与布斯的调查方法非常相近，但却得出了贫困率低于后者的结论，有分析指出这也许是因为罗恩特里展开调查的1899年比布斯调查的1887—1892年经济状况有所好转的缘故。

② 英文是settlement house, neighbourhood house，在我国，有翻译为服务所、睦邻中心，在日本、韩国以及我国台湾地区称之为邻保馆，此处也用邻保馆这个概念。——译者注

③ 汤恩比是个非常热情、聪慧的牛津大学大学生。他因性格热情、关心他人、

年达到46所。邻保馆向年轻的人文主义者宣扬了与贫困接触的重要性,揭露了个人主义思想的错误。邻保馆缩小了工业化导致的贫富差距,消除了相互间的不信任,减少了一个阶层对另一个阶层的敌视,其目的在于开展慈善之外的某种活动(朴炳铉,2005:58)。

英国邻保馆运动的参与人都是当时最优秀的精英男性,他们重视法律胜过博爱,对20世纪初进行的社会改革起到了非常重要的作用。邻保馆的创始人巴内特牧师是缴费型年金制度的拥护者,1902年还参与了教育立法过程。参与邻保馆的学生其后参与了1907年社会立法的起草工作,并积极参与了1911年"健康保险法"的立法活动。此外当年很多参与邻保馆运动的人参加了有关社会保障的社会改革运动(Reinders,1982)。

3. 费边社会主义的登场

19世纪80年代,英国处于社会主义复兴时期,出现了各种社会主义团体,其中有影响力的是海德门(Henry Hyndman)创立了社会民主联盟(Social Democratic Federation),1884年创立了主张渐进式改革的费边社(Fabian Society)。

韦伯夫妇(Sidney and Beatrice Webb)、萧伯纳(George Bernard Shaw)、奥利维尔(Sidney Olivier)、华莱士(Graham

---

积极献身于邻保馆运动而受到邻保馆运动参与者的广泛尊敬。令人遗憾的是,汤恩比因健康问题在30岁生日前夕因肺炎去世。为了纪念他,参与邻保馆运动的大学生在白教堂(Whitechapel)建立了世界第一个邻保馆,命名为"汤恩比馆"(Toynbee Hall)。汤恩比馆可谓是人才辈出,对英国福利国家的建设起到了非常重大的作用。20世纪初共有4位首相出身于汤恩比馆,完成英国福利国家的威廉·贝弗里奇也曾在汤恩比馆工作过(朴炳铉,2005:58)。

Wallas)等为代表的费边社成员认识到，仅依赖自由市场体制是无法消除贫困或不平等的，他们着手研究了具体的社会改革方案。费边社会主义认为减少贫困或不平等的方式应该是渐进式的变化，而不是激进的革命。费边社会主义对19世纪末英国公共政策的出台起到了非常重要的作用，他们坚持实用路线，提出向女性提供普通选举权、缩短劳动时间、建设公共住房、实施公共教育、实施最低工资制等改革课题。对英国福利国家的形成做出重大贡献的工党主要代表人物大部分都是费边社成员。

4. 相关福利制度的立法

19世纪80年代的经济不景气、贫困调查、社会主义的苏醒等改变了英国的贫困观。随着一系列社会调查，贫困问题的严重性不断被提及，对贫困原因的认识逐渐从个人性格缺陷向社会结构问题转换。与费边社会主义者达成共识的人们开始要求政府出面解决社会问题，而基于个人主义的自由放任主义开始受到右派和左派的双面攻击，腹背受敌，慈善组织协会在贫困争论中开始处于下风。随着20世纪的来临，济贫法的原则和理念都受到了挑战，有关福利方面的立法主张逐渐获得了社会各阶层的广泛支持。

在确立《老龄年金法》30年之前，即1878年，布莱克利（William Blackley）曾提出了建立应对疾病与年老的强制型社会保险制度的建议，但在共济会的强力反对下以失败而告终。布莱克利曾提出英国年金制度应以强制加入为原则，养老保险给付应由邮政局管理和发放。但共济会却对年金制度提出了反对意见。共济会认为强制参保型年金制度会损坏勤俭节约精神，同时围绕社会保险制度可能会与政府进行竞争。1885年，针对老年年金制度，共济会向为调查老年人生活依赖问题而组成的下议院委员会提出了反对意见，1887年委员会对引入老龄年金制度予以否决，并提出学校应将勤俭课程纳入教学之中（Lubove，1968：121）①。

19世纪80年代，布斯与罗恩特里提出年老是老人贫困的主要原因的观点，此后年金制度的必要性为人们所共识。1892年，张伯伦（Joseph Chamberlain）开始讨论年金问题。在1906年1月的大选中，没有任何一位候选人否定引入年金制度的必要性。1906年在自由党执政时期，②虽然对年金制度的具体方案没有达成一致意见，但就引入年金制度问题大体达成了共识（朴炳铉，2005：59—60）。

关注老年期的依赖问题始于议会任命布斯（Charles Booth）和张伯伦（Joseph Chamberlain）为调查老年人贫困问题委员会委员的19世纪90年代。布斯在不损害勤俭精神与劳动规则的前提下，试图寻找解决老年贫困问题的方案。当时任何有损于勤俭精神与自我尊重精神的方案都会受到人们的责难，因此布斯主张最

---

① 在欧洲，年金是代表国家的国王发放给对自己提供服务的人支付的一种施舍金（gratuity）。国王有时会向作家或艺术家支付施舍金，但大部分情况下都是支付给军人的。官员也会感到具有向负伤的退役军人或提供长期服务而退休的人提供保护的责任。美国在战后也向军人发放了军人年金。1907年议会通过法案，向大部分退役军人和因年老无法工作的军人家属提供了军人年金。军人年金的财政非常庞大。鲁比诺（Rubinow）在1913年出版的《社会保险》（*Social Insurance*）一书中指出，用于美国军人年金的费用大约是英国老龄年金的3倍。

② 自由党在1906年大选中取得了1832年以后的最大胜利。之前因执政党——保守党的贝尔福（Balfour）首相落选后，议会席数由402个下降到了157个，自由党在670个议会席位中得到了375个席位，打败了执政的保守党成为多数党，亨利·坎贝尔－班纳曼（Henry Campbell-Bannerman）就任为首相。1908年卸任后由亨利·阿斯奎斯（Henry Asquith）继任为首相。

低年金制度不仅不会使老年人处于贫困状态，而且有助于老人自立（Lubove，1968：121）。张伯伦推崇缴费型老龄年金制，但比起强制型参保，他更加推崇志愿型参保方案。他提出的方案是，25岁以前缴纳5英镑作为保险费；从25岁到65岁之间，每年缴纳1英镑保险费，州政府缴纳13英镑；年金给付方面，每年向老年人支付13英镑的年金（Spender，1894：127—128）。布莱克利认为州政府的补助金固然是必要的，但张伯伦的方案因为缺乏强制性，可能不会取得显著效果（Lubove，1968：122）。

1911年，英国的社会保险的覆盖面虽然不及德国那样广泛，但确实引入了保障制度。1906年自由党（Liberal Party）执政后，劳合·乔治（Lloyd George）和温斯顿·丘吉尔（Winston Churchill）在解决当时社会问题的同时，基于本人的政治前途，也开始关注社会保险（Gilbert，1966：847）。在1900年前后，志愿者团体也开始改变了对引入年金制度的看法。共济会由于年轻人不愿积极参加，会员大量减少，财政上面临困难，因而也赞成年金制度的引入。

英国和美国的志愿者组织在功能发挥上表现出一定的差异。一般来说，《老龄年金法》是为了满足老年人的收入保障而实施的，虽然英国的志愿者团体，诸如曼彻斯特联合会（Manchester Unity）和农林联盟（Foresters）对政府提供的援助持有犹豫的态度，但是橡树之心公益协会（Hearts of Oak Benefit Society）在1901年年会上做出决定，要求政府对过去20年间加入共济会的65岁以上的成员提供5先令。1902年，共济会全国会议（National Conference of Friendly Societies）也同意实施年金制度。1908年，全国总工会（National Council Labour）也在议会开会之际，向全体议员发出同意制定《年金法》的书函。同年春天，阿斯奎斯（Asquith）首相提到丹麦、新西兰、南威尔士（South Wales）、维多利亚的先例，拒绝了布斯提出的缴费型年金制度，提出要实施对满足财产、居住及道德等条件的老人提供每周5先令的无缴费型年金制度的建议（Lubove，1968：124）。

但是《老龄年金法》在各利益集团间没有达成协议之前是难以被通过的。老龄年金制度不是通过政治家和政党代表或多数政党的共同研究而产生的，而是具有不同政治主张的各种利益集团之间相互妥协的产物。在议会中讨论年金制度方案时，众多相关团体为了在《年金法》中反映自己的立场，做了各种各样的努力。最初反对国家实施年金制度的利益集团是具有个人主义意识形态的慈善组织协会。慈善组织协会推选查尔斯·罗茨（Charles Loch）为代表，以地方行政干部作为强有力的支持者，反对政府主导的年金制度。慈善组织协会主张贫民应该为自己的养老而储蓄，政府的干预不是在救济贫民，而是促进乞讨。但是当政府主导的《年金法》的制定变成既成事实时，慈善组织协会又把其主张转移到限制年金制度适用范围上（朴炳铉，2005：61）。

劳动者阶层从1899年开始组建全国劳工委员会（National Committee of Organized Labour），促进老龄年金制度的制定。他们希望《年金法》是普遍的、非缴费型的、与《济贫法》相分离的制度。但是到了1907年年末，他们意识到财政部考虑的年金制度并非是普遍型制度。全国劳工委员会领袖斯特德（Stead）牧师向阿斯奎斯首相提出，广大劳动者对政府在年金制度确立方面的不尽心和不努力感到失望,并要求不断壮大劳动党的力量。但是阿斯奎斯不得不屈服于慈善组织协会的压力,同意强化申请者资格,缩小年金适用范围的主张,这也应验了斯特德的担忧。很多雇主借在下议院讨论《年金法》之际,支持非缴费型年金制度。自由党企业家阿尔弗雷德·蒙德(Alfred Mond)通过自己的经验,也意识到雇主会反对缴费型年金制。雇主不可能保障劳动者的永久性工作岗位,而非缴费型国家年金制解除了雇主的负担,因而蒙德乐观地认为如果为了非缴费型年金制而需要一定费用的话,雇主认为这不过是一种对工资的附加税金,因而也会认同这一做法。同时他赞同对勤奋的人限制支付年金的方案,认为对受救济者进行生计调查有助于经济的增长,最终会减少年金的需求(林永相,1983:148)。

经历了艰难历程,1908年8月最终出台了《年金法》。《年金法》的具体内容是对收入在21—31英镑的70岁以上的老人每周提供5先令的年金。依据《年金法》,从1909年1月开始,根据《济贫法》无法得到救济的49万人首次获得了年金,其中女性占了大部分。当然,罪犯、酗酒者、外国人以及1908年1月以后依据《济贫法》可获得贫民救济的人排除在年金给付的对象之外。老龄年金制度是针对不受懒惰评价且年龄较高的老年人制定的制度。值得注意的是,《老龄年金法》是基于社会权利而给付的,因此提供年金之前并不进行资产调查或行为教育。在年龄方面,《年金法》拒绝了以65岁为分界线的方案,这与罗恩特里设定的最低生活标准相比少了2先令,是给付水平非常低的法案。实施年金制度以后,"院外救助人员的乞讨习惯"(outdoor pauperism）几年以后便消失了（朴炳铉，2005：62）。

年金制度在英国社会保障历史上具有非常重要的意义。年金制度断绝了一直主导着英国济贫政策、具有控制贫民性质的1834年的新济贫法原则，把社会保障引向了另一个方向。在年金制度中最为重要的是年金作为社会权利而支付，在《年金法》中，年金的领取人不是慈善对象，对其也不进行任何资产调查，只是通过邮局发放。由于年金制度与《济贫法》完全不同，因而受到了英国人民的拥护。①

自由党的社会立法虽然意味着断绝过去，但是《年金法》的实施仍然是在自由主义的巨大框架内进行的。从劳动阶层的立场来看，社会改革法案仍然存在诸多问题，如1908年《老龄年金法》中规定，领取年金的人必须证明本人在道德上有资格获得年金。可见，英国社会仍然没有摆脱历史悠久的个人主义的影响。

（三）个人主义的复兴与撒切尔政府的福利缩减政策

1. 回到维多利亚时代

福利国家适应20世纪六七十年代初期的经济增长和不断变化

---

① 《年金法》对贫困的英国老年人具有非常重要的意义。汤普森（Flora Thompson）在《雀起》（*Lark Rise*）中如此描述了摆脱济贫院（Workhouse）生活的贫困老年人生活："老龄年金制度实施后，老年劳动者的生活发生了天大的变化，他们不再战战兢兢地生活。他们觉得自己一下子成了富人，可以过独立生活了。第一次在邮局接受年金时，他们每个人都热泪盈眶，把年金捧到手上，喊出'上帝赐予我恩惠'，还向邮局的工作人员赠送了水果。"（Flora Thompson, *Lark Rise*, 1939, p. 100; Maurise Bruce, *The Coming of the Welfare Sate*, London: Barsford, 1972）

的社会需求，并逐渐走向现代化。但1973年第一次石油危机和相伴而来的全球性经济危机直接向福利国家提出了挑战。20世纪70年代中期的经济危机是20世纪30年代经济危机以来最为严重的一次世界性经济危机。低增长与物价上升及相伴而生的通货膨胀引起了就业岗位的减少和贫困的增加。随着经济滞胀不断加速，社会上开始出现了减少公共社会保障支出，重塑政府作用的论调。尤其是1978—1979年寒冷①的冬天，劳动纠纷和罢工此起彼伏，英国开始陷入了政治、经济的混乱时期。在这种情况下，保守党撒切尔（Thatcher）政府开始执政。②

撒切尔提出"回到维多利亚时代"的口号，试图改革福利国家。撒切尔试图用维多利亚式的福利原则替代贝弗里奇的福利原则，而这个试图的核心是用自助和个人责任原则替代国家承担全民福利责任的贝弗里奇原则。这个原则是在"天助自助者"的逻辑下，视福利受惠者为懒惰的、无能的人。这是1859年塞缪尔·斯迈尔斯（Samuel Smiles）在《自助》一书中的"天助自助者"格言的再次登场。撒切尔政府把英国的社会福利政策的价值取向转换为维多利亚时代价值的"自助"。

2. 福勒委员会的社会保障改革

撒切尔首相以弱化国民对社会保障的依赖心理作为目标，投入到社会福利制度改革之中，为此她组建了以诺曼·福勒（Norman Fowler）为委员长的社会保障调查委员会。这个委员会于1985年6月出版了以《社会保障改革》（*The Reform of Social*

---

① 英国把1978—1979年的冬天称为"不满的冬季"（winter of discontent）。
② 撒切尔担任了11年半的首相，于1990年11月卸任。

Security）为名的绿皮书（Green Paper），而这部绿皮书成为1986年《社会保障法》的基础。1986年《社会保障法》的核心内容是缩减社会保障给付，主要措施是下调年金给付率、鼓励民间年金、加强资产调查。

这部绿皮书共有三卷。第一卷是《社会保障改革》（*Reform of Social Security*）；第二卷是《社会保障制度改革：制度变革的项目》（*Reform of Social Security: Program for Change*），主要论述年金给付、补充支付、住宅补贴、生育、死亡、遗属年金等社会保障各个部门的改革方案；第三卷是《社会保障制度改革：背景文件附录》（*Reform of Social Security: Background Paper*），附录中收集了与社会保障相关的统计资料。

这部绿皮书肯定了社会保障制度对提高贫困者生活质量、应对紧急危险、构筑安全网以及改善退休老人、儿童、残疾人、贫困家庭的生活方面所做出的贡献，但是绿皮书也指出了过度的社会保障支出压制了其他领域，带来了众多负面影响的后果，使英国失去了社会保障制度的发展方向。

在绿皮书的序言中做了如下的记录：

> 1985年的社会保障费用支出超过了400亿英镑。第二次世界大战以来，社会保障费是以物价的5倍、经济增长的2倍的速度增长。即便如此，这并不意味着资源必然分配给那些最需要帮助的人们，如果这样的制度继续运行，恐怕未来还是如此。社会保障体制内部，虽然名目不一，但重复支付的现象屡屡出现。给付规则的多

样性使社会保障的管理难以实施,有时群众也很难理解。另一方面,社会保障和所得税之间的重复,使相当多的人在支付所得税的同时接受以资产调查为前提的各种福利……第二次世界大战以后,社会保障部门得到各自的发展,都有各自的动机,但这些又使制度变得更加复杂,而且还会迷失对社会保障制度所希望达到目标的认识。个人的责任和国家责任的不明确是目前的现实。

(Green Paper, 1985: 1; 玄外成, 1992: 150)

可见,绿皮书所说的社会保障制度的问题是制度的复杂性和非有效性、社会保障费用的过重负担、个人依赖国家社会保障三个问题。

撒切尔政府试图通过绿皮书(Green Paper)来强调个人责任和自助行为。绿皮书规定"国家和个人责任范围与限度并不明确,因此有必要明确其各自责任",其核心内容是强调个人责任。绿皮书婉转地提出"如果个人希望自食其力,国家不可以阻止其意志",这实际上还是强调个人责任,鼓励个人自己解决生活问题。英国存在个人主义的文化背景,因而这些规定都有可能成为现实。绿皮书还指出"将中央政府责任转移给地方政府",这是限制和缩小国家责任的另一种表现,这在住房保障中表现得最为明显,这也是从另一方面强调了个人责任。撒切尔政府在社会保障中强调个人责任的背后隐含着"对受助者的无声责难"(blaming the victim)(玄外成, 1992: 153),这种弦外之音在失业保险待遇支付中表现得更加明显,所有这些都能在英国个人主义文化传统中找到其根源。

（四）小结

深入了解英国社会保障制度发展的历史，可以发现当一种制度走向另一种制度时，必然会受到政治、经济、社会变化的影响，但文化也是重要的影响因素。英国社会保障的起源应该是爱德华三世发布的1349年的《劳动者条例》（*Statute of Laborers of* 1349），但在英国社会保障文献中更多的是记载1601年《伊丽莎白济贫法》和其后的变迁过程。实际上，在英国济贫法历史中具有重要意义而且不可忽视的制度是《斯皮纳姆兰法》与新济贫法。《斯皮纳姆兰法》是18世纪后期为适应政治、经济、社会变化而产生的。由于给贫民与农民造成无比痛苦的第二次圈地运动、法国大革命和1793—1815年英法战争、18世纪最后十年一直持续的自然灾害等原因，在英国各地贫民暴动此起彼伏。济贫政策不但是应对战争、歉收、自然灾害的临时性对策，也是应对技术革新的社会适用手段，同时也是预防社会革命的政策。在这种社会条件下，以提高劳动者工资作为框架的斯皮纳姆兰制度应运而生。

但《斯皮纳姆兰法》存续不到40年就被历史所遗弃，后世思想家对该制度的社会保障意义进行了长期的研究。当然，《斯皮纳姆兰法》本身具有弱化劳动者的勤劳意识、助长雇主道德风险的制度缺陷，而当时社会的自由放任主义力量又放大了这些缺陷。在当时自由放任主义经济思想中渗透着个人主义文化因素，这是不可忽视的事实。

取代斯皮纳姆兰制度的是新济贫法，新济贫法宣布贫困是罪恶，而当时英国信奉的个人主义自由放任制度使之成为可能。在新济贫法中首次提出的劣等处置原则也是在当时的价值观中处于支配地位的自助精神和个人主义使然。

20世纪90年代，撒切尔政府的社会保障理念回到维多利亚时期。撒切尔政府用维多利亚时代的自由主义原则来取代贝弗里奇福利原则，其中就蕴涵着自助精神与个人责任原则，换言之，在社会福利制度中赋予个人主义文化。可见，在英国社会保障历史中，个人主义思想一直相伴而发展，并起着不可忽视的作用。

三、美国的个人主义与社会福利的发展

（一）美国的个人主义

社会学家霍夫斯塔德（Hofstede，1997）曾以全世界IBM公司经营者为对象进行了调查。调查结果显示，西方社会比起其他地区，崇尚个人主义的程度要高，而美国的个人主义倾向比任何国家和地区都要高（参见表3-1）。宗教社会学家罗伯特·贝拉（Robert Bellah）也指出，在美国人的思维中个人主义特点确实是很明显的。

威廉斯基（Wilensky，1965）指出，美国个人主义最大的特点是忠实于自己的利益并把它合理化，即美国社会强调充满获取精神（acquisitive spirit）的个人创造性，而这种创造性已经比较成熟而又广泛普及。在美国社会，劳动力成为商品并在竞争市场上可以灵活购买，埃斯平·安德森（Esping-Andersen，

1990)指出美国是劳动力商品化程度最高的国家。美国的个人主义表现为自由主义,而这种自由主义造就了美国独特的志愿主义(voluntarism)传统。

表 3-1 世界主要国家和地区的个人主义的价值取向(以1980年为基准)

顺序	国家(地区)	个人主义分数
1	美国	91
2	澳大利亚	90
3	英国	89
4/5	加拿大/荷兰	80
6	新西兰	79
7	意大利	76
8	比利时	75
9	丹麦	74
10/11	瑞典/法国	71
15	德国(西德)	67
21	印度	48
22	日本	46
26	阿拉伯地区	38
39/41	西非国家、新加坡、泰国	20
43	韩国	18
44	中国台湾地区	17

资料来源:Hofstede,*Culture and Organization*,New York:MacGraw-Hill,1997,p.53.

美国不仅与其近邻加拿大有很大的不同,而且同欧洲发达国家也存在很多方面的差异。在统计学中把偏离正常范围很大的值称为"异类"(outlier),与此相同,美国是发达国家中的"异类"。如美国在农业生产人口为20%时才引入社会保障制度,这远远偏离了平均统计数(Collier and Messick,1975:1309),也就是说美国是一个另类国家,是别的国家难以模仿的国家,这是因为美国的各种制度是在强调自由市场经济的独特的个人主义环境下生成的缘故。

美国社会是在机会均等的理念中建立起来的。在19世纪之前,美国多数居民还是独立自主的自营农民,每个人靠自己的努力都有进入上层社会的机会,当时的美国是一个充满"契约的国度"。在美国社会,平等不是结果的平等,而是机会平等。在美国人看来,平等不是通过扩大贫困阶层的福利来实现的,而是通过扩大教育投资、增强机会平等来实现的。因此美国是强调个人主义的国家,是强调自由、机会均等、能力主义、新教精神的国家。这一特点说明作为福利国家基本价值的连带意识(solidarity)在美国是非常薄弱的。

从本质上说,社会福利起到社会再分配的作用,财富从富裕者向贫困者转移,与此相反,美国执拗于自由放任主义和个人主义,反对资源的再分配,即美国比起公共经济,更加关注民间经济;比起集团性选择,更加注重个人自主权(Axinn and Stern, 2005:1)。同欧洲国家相比,反映个人主义特征的美国社会福利制度的形式主要表现在以下几个方面:以个案社会工作为基础的社会工作专门职业的发达、社会福利政策和实践的地区多样性、中央统一的社会政策的缺乏、社会保险制度和公共救济的明显区别、民间慈善团体作用的强势等。

（二）美国社会福利制度发展过程中的个人主义

1. 殖民地时代（1647—1776）

从欧洲移民到美国的早期美国人，通过设立与欧洲阶层式封建文化不同的民主式政治文化和制度创建了新社会。虽然1647年罗得岛州（Rhode Island）曾模仿英国伊丽莎白旧济贫法，确立了对无法工作的人提供公共救助的制度，但美国制定的济贫法的救济标准却不同于英国。早期的美国社会由于没有等待就业的劳动者群体，因而根本不存在失业问题，只要自己肯于努力，就能购买到土地，土地本身成为一种社会保障形态。① 同时美国早期移民经受了与当地土著居民的战争、传染病、难以控制的火灾、婴儿高死亡率等痛苦，因此美国的济贫法只对因自然灾害引起的事故、疾病、残疾、老年等人群和抚养儿童的寡妇提供帮助，救济对象非常有限。

早期殖民地时代的著名政治家本杰明·富兰克林（Benjamin Franklin）曾指出贫困的原因在于个人，当社会制度正常运转时，上流阶层财富的增进是当然之事，加强贫困的社会责任只能助长依赖性，也会使贫困问题更加恶化。在独立战争爆发前的前殖民地时期，虽然大部分政治家推崇只承担部分社会福利的限制性中央政府，但并没有在政治上达成一致意见。这种矛盾在18世纪90年代的托马斯·杰弗逊（Thomas Jefferson）和亚历山大·汉米尔顿（Alexander Hamilton）的政治冲突中表现得更加突出。汉

---

① 反映美国初创期文化的电影《大地雄心》（*Far and Away*）很好地表现了土地自身是一种保障的思想。

米尔顿崇尚重商主义政策的中央集权式政府,而杰弗逊则主张弱化联邦政府、强化州政府作用的观点,在经济上推崇亚当·斯密的不受规则限制的资本主义经济体制。体制选择中的政治冲突在1800年选举中以杰弗逊的胜利而告终,由此亚当·斯密(Adam Smith)和约翰·洛克(John Locke)思想成为支配美国社会的指导思想。在这种思想的指导下,美国把贫困、酗酒、精神疾患等社会问题视为个人性格上的缺陷,对贫民也采取了惩罚性措施(Jansson,1993:318)。

在殖民地初期,美国的大部分居民虽然处于贫困状态,但在殖民地时代生活的人们,尤其是以新英格兰为中心的,以清教徒(puritan)为代表的新教(protestant)把勤俭和节约视为最高美德,把贫困和流浪视为罪恶。由于这样的贫困观,使得在殖民地时代的美国社会依靠救济而生活的居民并不多见,如1708年马萨诸塞州(Massachusetts)的沃特敦(Watertown)人口大约是1 000人,从1700年到1709年间,只有32人接受公共救济;1700年人口只有2 500人的塞勒姆(Salem),在17世纪90年代只有29人受到公共救济。1784年马萨诸塞州全体人口的0.88%、1740年纽约市人口的0.9%、1709年费城市的0.52%人口接受了公共救济。由此可见,在这个时期只有总人口1%的人受到公共救济(Morris,1986:146)。救济对象也限制在因遭受印第安人袭击和屠杀而失去亲人的人以及孤儿、寡妇、老人、受伤者、因受灾害而陷于贫困的丧失劳动力或需要临时性救济的人。因而,美国从建国初期就形成了建立在政府不干预个人生活的个人主义文化基础上的社会秩序。

在这样的个人主义文化背景下,接受政府救济的人显然非常少。如表3-2显示了从1784年到1970年间在马萨诸塞州全部人口中享受公共救济人口的平均增长率。从表中可以看出,除了在经济处于停滞期的1860年到1885年间接受救济的人剧增以外,其他期间只有少数人享受到政府救济,尤其是1885年到1925年间,享受政府救济的人出现下降的趋势。

表3-2　马萨诸塞州接受贫困救济人口的绝对数的平均增长率
（1784—1970）　　　　　　（单位：%）

1784—1850	1.68
1850—1860	0.08
1860—1885	3.50
1885—1923	减少
1925—1970	1.28

资料来源：Robert Morris, *Rethinking Social Welfare: Why Care for the Stranger?*, New York: Longman, 1986, p. 146.

2. 南北战争之前的时代（1777—1860）

美国独立战争不仅是国家独立的战争,也是引发经济社会大变革的市民革命。独立战争结束之后,美国社会发生了巨大的变化。虽然欧洲移民开始增多,但是并非所有的移民都能适应新的环境,有的人不仅没能利用美国丰富的机会,而且连新的环境也无法适应。这样的人自然沦落为贫民,由此美国也开始着重解决贫困问题。在美国人看来,贫困是外来之物,是从外引来的疾患。

在这个时期,引领美国精神的是强调个人成功和自立的个人主义。早在1830年,托克维尔(Tocqueville)就已经把美国的民族精神归结为个人主义,认为美国的个人主义比英国更加强烈(Rimlinger,1971:62)。个人主义意味着公共部门以及教会或政府的权威向个人的家庭、邻居、单位等民间部门的转移。

3. 南北战争及之后的时代(1860—1900)

在南北战争(1860—1865)之前,贫困还没有被视为社会问题。当时的美国到处都是肥沃的土地,贫困是个人不努力的结果,是个人问题,没有必要由社会来解决。"向西部去"(Go West)的口号成为对那些在东部陷入困境之人的忠告。但是这个时期已经开始了从农耕社会向工业化社会的转变,由此引发了大规模的社会经济生活的变化,尤其对社会福利制度的形成产生了巨大影响。当时急剧变化的社会以及经济的停滞使很多人处于贫困状态,在美国历史上绝没有像工业化一样对政治和社会生活产生如此巨大影响的时期。

(1)急速的工业化进程

南北战争结束后,美国踏上了工业化的道路。如1865年只有37 000英里的铁路,到1914年增长了7倍,达到153 000英里,占世界铁路总长度的39%;衡量工业化水平的能源生产也剧增,1860年生产1.5亿吨煤,到1914年可生产51.4亿吨;从1857年到1875年生产原油7.4亿桶,但在1914年达到26.6亿桶。不仅如此,1859年,在总人口中60%上的人从事农业生产,但是到1914年从事非农业生产的人超过农业人口,69%的人从事农业以外的工作(Ehrenreich,1985:20)。

工业化的重要性并不在于工业化自身,而是工业化对社会制度或对人们的社会生活方式带来的影响。工业化使人口从农村转移到城市，由此引发了严重的城市住宅问题；工业化形成难以适应城市生活的农村移居者群居的贫民窟；工业化不仅造就了城市富人，同样也造就了城市贫民。这些社会问题成为阶层间矛盾冲突的主要要因，容易引发阶级斗争。进入20世纪，中上层阶层把贫困的存在和阶级间的冲突视为危机状态。

（2）个人主义理念的自由主义的发展

在美国自由主义中渗透着如果不涉及个人利益就不强迫自己劳动的意识形态，而这样的观点与强调自己积累个人财产的新教伦理（protestant ethic）一脉相通。自由主义意识形态相信只有个人所有权才能诱使人们工作，因而自由主义者把社会看做追求个人利益的个人聚集的集团，而这种利益的追求只有在自由市场上可以实现，在这种意识形态指导下形成的经济政策便是自由放任。

自由主义不仅与当时的古典经济学相通，而且与达尔文的进化论也相协调。最初把达尔文理论应用于人类生活，以冷酷的自由放任的理论为背景，使用社会达尔文主义的人是虽然出生于英国却对美国人生活产生重大影响的斯宾塞（Spencer）以及美国著名社会学家萨姆纳（Sumner）。他们把生物学进化论中所涉及的有机体的不断斗争的结论应用到社会学理论的自由放任主义之中，认为公共的、缺乏深思的慈善即社会福利制度，阻碍了弱者适应社会环境的过程。只有民间自发的慈善活动才能帮助弱者适应社会生活，而政府实施的公共的制度化的慈善会带来与此相反的结果（Rimlinger，1971：49）。这里所说的民间慈善是指慈善组织协会，而制度化的慈善是指政府举办的社会福利制度。

斯宾塞认为人类社会的发展是无数个体不断斗争的结果，病人和弱者以及不能适应社会生活的人在斗争中自然被淘汰，而只有强者才能生存。他反对无差别的慈善活动，认为在促进经济繁荣的勤俭、节约、憧憬未来的精神等经济伦理之间存在密切关系，而形成这种道德的慈善才能最终帮助人们适应社会。萨姆纳作为斯宾塞的弟子和美国耶鲁大学政治学系教授，在美国的清教徒主义和个人主义中注入了达尔文的适者生存原则。在萨姆纳看来，社会秩序是依据自然秩序而形成的，在自由竞争中的生存者有可能会进入社会上层，而不能生存者注定要失败。百万富翁是生存竞争的产物，生存竞争通过失败者的自然淘汰起到了选择具备条件的成功者的作用。在萨姆纳看来，在贫民或弱者中包括懒惰者、无能者、不正派者，而成败在于个人的德行（Rimlinger, 1971: 49）。

斯宾塞和萨姆纳的自由放任的理论虽然受到了批判，但是他们的思想对南北战争之后的美国人来说确实有魅力，而且斯宾塞和萨姆纳对重商时代的济贫政策持批判的态度。他们的观点与18、19世纪主张因济贫法促进人口增长而应该予以废除的马尔萨斯的观点很相似。虽然英国的马尔萨斯和美国的萨姆纳在对待贫困的根本观点上并没有差别，但是他们的解决贫困方法却大相径庭。马尔萨斯虽然主张对不能自我控制的人应该实施处罚，但他还是强调对下层居民实施教育的必要性，而这种教育应该由宗教部门承担，而萨姆纳连上流阶层对下流阶层的有限的责任也都予以否定（Rimlinger，1971：50）①。

瑞明格（Rimlinger，1971：62）从美国传统的个人主义式的自由主义中找到了美国福利水平落后的原因。自由主义强调个人主义价值和有限的政府作用，美国人强调自由和个人责任，而把保护个人的集团性待遇视为社会主义而予以拒绝。在美国，自由主义传统具有强大的生命力，因而反对社会保护的运动能够持续不断。19世纪末，连参与"慈善及矫治会议"（NCCC）的社会工作者也采取有劳动能力的贫民应该按照"严格的规定"，在严格的"制度内"接受救济的态度。

不仅如此，19世纪美国的历史学家、人类学家、心理学家、社会心理学家都把自由主义和个人主义视为美国文化的象征，大部分美国学者否定社会主义式的集体主义，而接受自由主义式的个人主义。

以美国个人主义为基础的自由主义首先延缓了社会立法的进程，此后又把社会立法范围予以限制，成为美国实现福利国家的阻碍因素。考察从20世纪初美国的社会问题——妇女和儿童的就业、非卫生的工作环境、纺织及服装厂的低工资——到此后的失业、老年生活的不稳定、产业事故、职业病等，都可以看出个

---

① 在马尔萨斯的"人口论"中充满了担心贫民的温情的思想。人口的预防性控制（人们任意减少出生率）的失败使良性控制（战争、饥饿、疾病等因素而带来的人口减少）成为主导，此时最先牺牲的阶层是贫民。马尔萨斯并不像某些政治家那样为了迎合某些人群而任意提出了这样的观点。犹如此后的凯恩斯所说的，马尔萨斯的结论是他对真理之爱和深刻洞察力的结果。马尔萨斯在人们对其"人口论"进行批判以后，对济贫法的批判也没有像从前那样强烈，主张对济贫法"不是无条件地废除，而是要逐渐废除"，并明确表示不能使当时生存的孩子和未来两年内出生的孩子受到损害。Tode G.，*New Idea from Dead Economist*，《死亡经济学家的新思路》，李承焕译，首尔博英社，1996，第84—85页。

人主义理念对美国社会的影响,也就是说,美国对社会问题以及由此带来的社会危机的认识相对晚,而且在应对这些危机的方案中渗透着个人主义。19世纪的美国,在强烈的自由主义思想影响下,在应对工业化带来的危机方面不像欧洲国家那样采用社会保险制度,而是依靠公共救济和民间慈善机关来解决这些社会问题(Wilensky,1965)。

（3）应对工业化危机的个人主义策略：慈善组织协会的发展

伴随工业化带来的财富的增长,出现了贫富差距的扩大,而为了解决贫困问题而发展起来的便是慈善组织协会。美国的慈善协会深受英国慈善组织的影响。1877年,一位曾到英国考察慈善组织并以英国慈善协会志愿者身份工作的美国牧师哥尔亭（Gurteen）,在布法罗创建了美国第一个慈善组织,此后慈善组织逐渐在全美普及,到1890年美国一百多个城市建立了慈善组织协会。

美国的慈善组织协会是努力把慈善事业建设成科学的、合理的活动。根据这样的目标,慈善组织协会确立了三种简单的假设：第一,贫困的原因不在于社会结构上的矛盾,而在于贫民自身道德或性格上的缺陷；第二,解决贫困只有在认识自己性格上的缺陷并努力矫正的情况下才有可能；第三,实现这样的目标,只能在多种慈善组织的协作与帮助下才能完成（Boyer,1978：144）。

在慈善组织协会看来,贫困不能通过救济来解决,贫困只有在个人的自救下才能根除。依据这样的理念,慈善组织协会认为通过调查和研究被救济者性格,可以解决贫困问题。推崇对贫困采取科学调查方法的慈善组织协会把达尔文的进化论予以社会化并作为主要的理论来利用。慈善组织协会宣扬适者生存的原则，认为只有适者才能成为富者，而帮助那些依赖者和不能适应环境的人是人类社会的退步（Axinn and Levin，1992：92）。慈善组织协会是以个人主义和经济自由主义为基础的组织。

慈善组织协会深受英国新济贫法的影响，采用接受救济者的生活应该比不受救济者的生活更加困难的劣等处境原则，因而无差别地提供救济会使劳动者变得懒惰、邪恶、浪费，主张废除所有的院外救援（outdoor relief）。慈善组织协会所主张的援助方法是友好访问，并把贫民划分为值得救济的贫民和不值得帮助的贫民，在人力资源上利用受过训练的女性新教徒。

当时慈善组织协会的精神领袖之一的约瑟芬·肖·洛厄尔（Josephine Shaw Lowell）①公开批判了公共的院外救济制度：

> 即使人类获得了整个世界，但是如果失去自己的灵魂，那还有什么意义呢？提供救济的是物质性东西，是物质性的手段，因而是失败的。人是精神性动物，如果人需要帮助，应该是用精神性的手段来提供帮助。因此，公共救济只有在陷入极度贫困，濒临死亡的困境时

---

① 深受19世纪80年代末和20世纪初慈善组织协会尊敬的约瑟芬·肖·洛厄尔（Josephine Shaw Lowell，1843—1905）出生于波士顿名门家庭。在南北战争爆发时，洛厄尔的父亲参与了南部黑人的救助活动。她的哥哥罗伯特·洛厄尔积极投入创建黑人军队的行列，但在战斗中牺牲，结婚不久的丈夫也在战斗中牺牲。20岁成为遗孀的洛厄尔也投入到社会改革的洪流中，组建了纽约慈善协会。从此之后的25年间，她成为美国慈善组织协会的精神领袖，对玛丽·里士满等慈善组织协会的领导者产生了巨大影响。

才能被使用。(Patterson，1986：21)

所谓公共的院外救济是指贫民在自己家庭接受救济的具有现代意义的公共救济。作为慈善和福利专家爱莫斯·华纳（Amos Warner）认为，公共的院外救济会导致政治上的腐败和经济上的浪费，公共救济越多，会有更多的受惠者推崇公共救济，而不愿意从事劳动（Patterson，1986：21）。

19世纪末期，慈善组织协会兴盛而且普遍受人们欢迎的原因是因为当时慈善组织协会的基本哲学理念与当时处于主导地位的以个人主义为基础的自由主义意识形态相一致的缘故。以当时处于主导地位的思想作为理念，发挥强大影响力的慈善组织协会把美国社会福利制度引向废止公共的院外救济，强化民间救济的方向上，因而在美国很难形成中央政府主导的社会保险或公共救济制度（朴炳铉，2005：92）。

19世纪，美国式的自由放任主义处于鼎盛时期。在英国，因为封建制度的长期存在，阶层间的区别是十分明显的。从19世纪后半期开始，英国的自由放任主义思想受到从农村的地主到城市劳动者等众多阶层的全面反对。与此相反，没有经历过封建制度的美国，阶层间的区别和差距并不明显，自由主义成为处于支配地位的意识形态。美国人认为自由放任的思想对美国的成长起了重大的促进作用，因而美国人并不提及自由放任主义存在的问题，也不批判自由主义，由此自由放任主义容易融合在美国的个人主义文化之中。如果同社会福利联系起来考察，美国的这种现象，使得美国在慈善和矫正方面，比起政府介入的社会福利制度更加强调志愿主义（Leiby，1978：23—29）。

（4）个人主义的产物——志愿主义

美国的个人主义和自由主义思想是美国格外强调志愿主义的主要原因。把1935年之前的美国社会保险制度的引入过程称为"斗争历史"的鲁波（Lubove，1968）认为，美国实施社会保险制度比起欧洲国家相对晚的主要原因是志愿主义精神，在美国的志愿主义中包含着个人的自由、受限的政府、自立心、根据市场属性分配资源的经济体制。

帮助困难之人的志愿精神背后隐含着竞争的自由市场精神和受限的政府作用的内涵。志愿主义精神强烈的社会，难以接受强制加入、根据需求实行分配的社会保险制度。批判社会保险制度的人把家长制和国家主义同个人自由和志愿主义进行了比较，认为社会保险会损坏自由主义和志愿主义。美国人认为其他国家把诸如贫困的社会问题视为政府或精英集团的责任，而美国却是把这些问题交给民间团体或志愿者团体去解决。这种强烈的志愿精神对确立公共社会保险制度方面起了阻碍作用。

在美国，曾批判社会保险的人把争论的焦点引向志愿组织的教育和社会功能、美国传统的适合性、强制加入保险所具有的破坏性上。社会保险专家把保险问题仅仅视为技术问题，而社会保险批判家把社会保险视为道德问题，即而转化为文化问题。面对社会保险批判家的这种转移，尤其是在社会保险的强制加入成为争论议题时，社会保险专家们感到束手无策。社会保险专家认为强制加入保险仅仅是扩大了适用对象，是确保财源的技术性问题，而反对社会保险制度的人则把这一问题同毁坏美国的个人主义和志愿主义精神的道德问题联系起来。把个人主义作为主导价值的美国人认为，与其用强制性的社会保险来解决收入保障问题，不如用自由经济制度的慈善和志愿的方法来解决。鲁波针对这种现象，指出美国社会保险的拥护者经历了强烈的文化上的冲突。

4. 个人主义的临时衰退：进步和改革的时代（1900—1930）

在美国的社会福利发展史上，把19世纪称为"自由主义和慈善的时代"，而把从20世纪初到20世纪30年代的30年的时间，称为"进步和改革的时代"。这意味着18世纪以后，美国自由放任的经济理论和达尔文适者生存理论的自由主义思想开始衰退，从社会福利视角上可以说是形成新的具有进步意义的贫困观念。现代的美国社会福利制度是经过"进步和改革的时代"发展起来的。从20世纪初开始，不少学者不断提及贫困问题，提出自由放任的经济理论是不切实际的论题，并用新的社会理论应对自由放任思想，自此，通过政策和法律的保护，实现社会正义的方案开始登上了历史舞台。

（1）贫困的发现

如果说在英国是查尔斯·布斯和希伯姆·罗恩特里通过社会调查发现了贫困的存在，那么在美国揭露贫困的人则是罗伯特·亨特（Robert Hunter）。[1]亨特在1904年出版了《贫困

---

[1] 亨特目睹了在1893年经济危机中数百万人失去工作的现象并开始关注贫困问题。三年以后的1896年，他从印第安纳大学毕业以后移居到芝加哥并在简·亚当斯创建的赫尔馆从事社会工作。此后，他旅游欧洲，拜见当时著名的社会主义者和激进主义者并与他们建立了友好关系。亨特接触到英国的布斯和劳伦特进行的社会调查，阅读了当时有关贫困的书籍，并于1904年出版了他的名著《贫困》(*Poverty*)。

(Poverty)一书,他在书中指出:"美国的贫困程度尚未揭示出来,只是把接受慈善救济的人假定为贫民而测算了贫民的数量。"他严格区分了"乞丐"(pauper)和"贫民"(the poor),认为乞丐是丧失尊严,不从事劳动的人,是没有价值的贫民;而贫民是虽然努力摆脱依赖状态,但仍然面临很多困难的人。他认为在1904年的8 200万人口中,约占12%的1 000万人处于他所认定的贫困状态之中,其中400万人属于乞丐,而这些大部分贫民居住在北部工业区,占这些区域人口20%的600万人处于贫困状态。如1903年波士顿人口的20%、1897年纽约州人口的19%属于贫困阶层。他还认为在1 000万贫民中,只有400万人受到公共救济,因而他主张应该通过加快社会立法建设来解决贫困问题(Hunter,1904:56—65)。总体来说,亨特分析了贫民本性(pauperism),探讨贫困的基本问题,设定贫困线,他拒绝自由放任的自由主义,主张加快社会立法建设。亨特的这些观点意味着在美国形成了第一版现代社会福利制度,具有划时代的意义。

(2)邻保馆运动

19世纪80年代后期,部分慈善组织协会的领导者和大学毕业的中产阶层反对父权制的慈善组织协会"责难受害者"(blaming victim)的工作方法。他们在城市贫民窟中盖起了新房并定居于此,开展贫民运动。有些人几个月,有些人甚至一辈子从事贫民运动。1887年,在牛津大学学习一年后回国的维达·斯卡德(Vida Scudder)向斯密斯学院1884年的毕业生发出了为妇女建立邻保馆的倡议。不久,她同瓦瑟(Vassar)、卫斯理(Wellesley)、布林莫尔(Bryn Mawr)、拉德克利夫(Radcliffe)一起共同创设了

"大学邻保馆协会"。1889年,"大学邻保馆"在纽约成立,接着在菲拉德皮亚和波士顿大学建立了"友好大学邻保馆"。纽约大学邻保馆创立两周以后,简·亚当斯(Jane Addams)和艾伦·斯塔尔(Ellen Starr)在芝加哥的霍尔斯特德街(Halstead Street)创立了象征美国邻保馆的赫尔馆(Hull House)。在美国中西部地区开展邻保馆运动的简·亚当斯虽然不了解纽约的邻保馆协会,但她深受英国的汤恩比的影响,在芝加哥创设了邻保馆。

邻保馆运动的目的不是给贫民提供慈善,也不是结交朋友,① 而是互相成为好邻居——互相学习,发现需求,参加反对社会非正义的运动。他们在贫民身上不仅仅看到犯罪或阴暗的一面,同时也看到贫民的智慧、能力和魅力。这是与以自由主义哲学为背景,把贫困归结为个人原因的,波及波士顿、纽约、布鲁克林、巴尔的摩等大城市的有4000多人规模的友好访问的慈善组织协会相对立的美国邻保馆运动。

慈善组织协会——以中产阶层女性为核心而形成的友好访问团——访问贫困家庭,试图改变贫民的性格;与此相反,邻保馆运动家们与贫民共同生活,试图教育他们,改善环境。他们把贫困同环境联系起来,开展社会改良运动。为了削弱阶层间的冲突,亚当斯拒绝把邻居称为案主或案例,不喜欢居住在离贫民窟很远的地方,每天只为贫民提供8小时服务的年青一代的社会工作者(Levine,1971:43)。他们不再认同把贫民分为有价值的贫民和无价值的贫民的传统。

---

① 此处的朋友是指慈善组织协会的友好访问(friendly visitor)。

邻保馆运动对贫困的原因和人的本性的看法同慈善组织协会有很大的区别。慈善组织协会的友好访问就像字面一样，仅仅是访问，他们访问贫民窟，调查贫民，工作结束以后就回家。但是参与邻保馆运动的人就是当地的居住者，他们在贫民窟与贫民同住，努力改善贫民的生活环境。慈善组织协会把贫困的原因归结为个人性格的缺陷，而邻保馆运动试图从环境中寻找贫困的原因。邻保馆运动在资本主义框架内，以社会连带意识为基础，为实现社会改良开展文化、教育和政治活动。邻保馆在1891年只有6个，1896年增加到44个，1900年增加到100个，在成立全美邻保馆联盟的1911年达到400多个。在当时的邻保馆中最典型而且最有影响力的是简·亚当斯创立的赫尔馆（Hull Houe）。①

美国邻保馆运动与个人主义的意识形态相距甚远。代表美国邻保馆运动的简·亚当斯指出，美国邻保馆运动的目的是"使美国从形式上的政治民主主义向实际上的社会民主主义转变"。社会民主主义主张人不因阶级、宗族、宗教而分层，所有的人共享美好的社会环境。从这一点来看，美国邻保馆运动比起个人主义意识形态，更加接近集合主义意识形态。

（3）玛丽·里士满和简·亚当斯的社会工作理念的论争

19世纪90年代末和20世纪初，美国的社会工作是以玛丽·里士满主导的个人主义价值为基础的慈善组织协会和以简·亚当斯主导的实用主义并强调环境要素的邻保馆运动为主要形式而展开

---

① 当时以赫尔馆为样本，开设了很多邻保馆。当时的邻保馆并没有投入太多的资本，几名年轻人聚集在一起，在贫民窟租个房屋，向邻居开放。以很少的资金、很少的经费运营起来的邻保馆，拥有的只是友情和希望（Leiby,1978:130）。

的。里士满和亚当斯生活在同一时代,她们为了远大的理想和共同的目标曾经共同合作过,但她们两人的成长背景、活动领域以及看待社会问题的观点却大相径庭。

里士满深受当时慈善组织协会著名组织家达尔文主义者约瑟芬·洛厄尔(Josephine Lowell)的影响。1890年,里士满第一次参加了全美慈善及矫正大会(National Coference of Charities and Corrections,简称NCCC)①,并在这个会议上听取了洛厄尔所发表的关于贫困的报告。洛厄尔在报告中指出贫困的原因在于贫民的个人性格上,通过教育和自救可以解决贫困问题。她认为用税金提供财政救济的方法不是解决贫困的途径,反而妨碍个人自立和工作的欲望。里士满说洛厄尔的观点对自己理念的形成产生了重大的影响。

亚当斯在1897年参加了NCCC,比里士满晚了七年。亚当斯深受约翰·杜威(John Dewey)哲学的影响,同时因为邻保馆运动对NCCC哲学产生影响而深受鼓舞。1897年,亚当斯在NCCC会议上发表了以"社会居民"(Social Settlements)为题发表了论文。她在文中论述了慈善组织协会和邻保馆运动的哲学理念上的差异。

> 友好访问团告诫人们为了抚养家庭应该勤俭持家……如果一个人能够自立,那么他是正义之人,是善良之人;如果接受救济,那么他便不是正义之人,也不是善良之人……(但是)邻保馆认为人可以是懒惰的

---

① 后来这个团体改名为全美社会工作大会(National Conference on Social Welfare)。

（在本性上看），也可以是善良有趣的人。……在邻保馆，不是看重人的德性，而是从社会的视角看待人。

里士满对亚当斯的发言进行了批判，她认为邻保馆是从事廉价慈善活动的老套的使节团。此后，里士满和亚当斯之间的社会工作理念之争随着里士满的"邻保馆佯装科学"的责难而不断升级，而这种责难反映了里士满和亚当斯社会工作理念上的差异。当时担任"芝加哥市民与慈善学院"（Chicago School of Civics and Philanthropy）调查活动的茱莉亚·雷德鲁（Julia Lathrop）在1896年NCCC会议上发表论文，提出"邻保馆运动家们收集的科学信息不会重复"的观点。雷德鲁发表的"社会工作者不仅要帮助人，而且也应该调查他们的生活方式"的观点与亚当斯的观点相一致。美国邻保馆运动所追求的社会调查模式就是英国查尔斯·布什所做的"伦敦市民的生活和劳动"社会调查。

那么，里士满和亚当斯对同一社会现象所表现出来的理念上的差异从何而来呢？

里士满出生于贫困家庭，她是在祖母手下长大的孤儿。高中毕业以后，她作为小职员在慈善组织协会办公室工作。尽管她年龄小，还是女性，而且没有接受过专业训练，但她在1892年却当选为慈善组织协会的代表。①当时女性结婚生子，承担妻子、母亲的责任是主流的生活方式，而她一辈子过着独身生活，表现

---

① 里士满之前担任慈善组织协会会长的两个人都拥有博士学位（Colcord and Mann, 1930: 35）。

出女性也可以从事专门职业、也可以成功的意愿。她对自己没有受过正规教育的事实表现得特别敏感。但是很难想象一个高中毕业生能够撰写蕴涵如此丰富的社会工作知识和技术、对社会工作有如此深刻见解的、对美国社会工作专门化做出如此重大贡献的著作，即《社会诊断》（Social Diagnosis）。她信奉个人主义，深受医学理论发展的影响。里士满认为个案工作的实质不是志愿者或友好访问者从事善行（goodwill）的活动，而是一项技术活动。她强调对社会工作者应该进行正规教育，她为纽约慈善学校（New York School of Applied Philanthropy）——哥伦比亚大学社会工作学院的前身——的创立做出了巨大的贡献。①

亚当斯（Jane Addams，1860—1935）出生于富裕家庭，父亲是美国伊利诺伊州西得贝尔.（Cedarvile）的上议院议员。她出生时身体很虚弱，母亲在她很小的时候就去世，她是在贵格会（Quaker)教徒的父亲严格教育下长大的。从罗克福德大学（Rockford College）毕业后，她又上了医科大学，但由于脊椎病的复发而中断学业。等到身体恢复以后，她到欧洲各国去旅行。当她经过英国伦敦东部贫民区时，看到贫民的艰难生活受到很大的冲击。她决心实现小时候的梦想，便访问了英国的汤恩比馆（Toynbee Hall）并仔细观察了英国邻保馆事业。她为邻保馆确

---

① 美国正式的社会福利教育始于1898年在纽约慈善组织协会（New York Charity Organization Society）的赞助下，举办培训志愿者的为期六周的"夏日学校"（Summer School）。这个学校提供几个讲座和机关实习（agency internship）。这个学校经过纽约博爱学校（New York School of Philanthropy）、纽约社会工作学院（New York School of Social Work），现在发展为哥伦比亚社会工作学院（Columbia School of Social Work）。

立的目的和在此工作的社会工作者的奉献精神所感动,决心在美国也设立邻保馆。亚当斯回国后不久,便与朋友艾伦·斯塔尔(Ellen Starr)于1889年在移民比较集中的芝加哥创立了赫尔馆(Hull Hall),开展了为贫民服务的工作。她以赫尔馆为中心,开展了面向青少年的各种课外活动,如开办托儿所、幼儿园;举办讨论会、学习班、音乐美术特别讲座、运动会、野营及多种娱乐活动。在第一次世界大战前进行的舆论调查中,她成为美国最受欢迎的人。她一生未婚,在其75年的生涯中,45年是在赫尔馆度过的。她在禁酒法、女性参政权、工资和雇佣环境的改善、缩短劳动时间、安全工厂法等方面立下了不朽的功勋,同时为世界和平做出了巨大的贡献。她是第一位被耶鲁大学授予名誉博士学位的女性。1930年,她因为对世界和平所做的贡献而获得诺贝尔和平奖。

里士满和亚当斯生活在同一时代,并且同样为美国社会福利的发展留下了光辉的一页。她们社会工作理念上的差异首先在1889年里士满撰写的"邻保馆友好访问团"的文章中体现出来(Colcord and Mann,1930,122):

> 如果我的家庭陷入贫困而申请救济,并需要选择能够帮助我的朋友的话,我宁愿选择拥有实际资源的朋友,而不会选择只掌握完备理论的朋友。……拥有实际资源的朋友会有效地帮助我寻找摆脱贫困的突破口,而用社会理论武装起来的朋友只会说现在的社会秩序有问题,社会应该对因社会问题而成为贫困的人给予物质补偿。

在这篇文章中可以折射出不主张改善环境的里士满的个人主义理念，里士满甚至对最低工资制、劳动时间、职业环境改善等议案也持否定态度（Flanklin，1986，511）。

里士满对在社会工作教育中开设教养课程（liberal arts）持有偏见，比起大学的正规教育，她更加强调实践经验。1920年，她以没有实践经验为由反对拉塞尔财团雇用毕业于芝加哥大学的博士杰西·塔夫脱（Jessie Taft）①（Flanklin，1986，509）。强调实践经验的里士满，1905年担任了第一个社会工作专门刊物《慈善百科全书》（*Charities and the Commons*）②的编委，她把刊登在杂志的案例用作社会工作实践的教学讲义。她反对把社会工作实践课题归到强调理论和学问的大学学术领域。③

但是，由邻保馆运动的领导者创建的芝加哥学派（Chicago School）没有同意里士满的从社会福利教育中除去人文教育课程的提案，开发了以社会政策和社会哲学为核心的基于社会理论的基础课程。

以个人主义理念为基础、把贫困的原因归为个人的里士满和以实用主义理念为基础、把贫困原因归为环境的亚当斯之间的理念大对决，因1909年的两个意外事件使得里士满占了上风。第

---

① 杰西·塔夫脱后来成为宾夕法尼亚大学（University of Pennsylvania）社会工作学院教授，她为创立同哥伦比亚大学（Columbia University）社会工作学院诊断学派竞争的功能主义学派起了决定性的作用。

②《慈善百科全书》（*Charities and the Commons*）刊物后来成为拉塞尔·塞奇基金会（Russell Sage Foundation）的部分业务。

③ 当时拉塞尔·塞奇基金会承诺对由邻保馆领导者为主导而发展起来的"芝加哥市民与慈善学院"（Chicago School of Civics and Philanthropy）提供研究经费，但因里士满的主张而取消了这一承诺。

一个事件是社会科学协会（Social Science Association）的解体，当时社会科学学会认为在福利政策和福利行政的实用性中难以适用社会科学理论。第二件事件是里士满辞去《慈善百科全书》的编委工作，任职于拉塞尔财团新成立的慈善组织部（Charity Organization Department）。①拉塞尔财团从1907年至1931年间参与和组织社会工作，并为社会工作专业协会提供了580万美元的赞助（Flanklin, 1986：512）。

但亚当斯不顾里士满的影响力，于1909年作为女性第一次被推选为NCCC会长，并得到了广大民众的支持。亚当斯反对把产业资本主义予以合理化的自由放任主义，主张女性的投票权力，赞同引入福利工程。1912年，在她担任NCCC会长时，组织创建了职业标准委员会（Occupational Standards Committee）②和针对工业的社会标准委员会（Social Standards for Industry Committee），提出了规定一周6天工作制、日8小时工作制、改善住房、16周岁以下儿童禁止工作等政策提案。这个政策提案中还包括实施产业事故赔偿、年金、失业保险等政策性的建议（Flanklin, 1986：513）。

NCCC旗下的委员会向共和党全党大会提出了有关产业活动最低标准的纲领性政策，但这个提案并没有得到共和党的关注。但是，几天后退出共和党的西奥多·罗斯福（Theodore

---

① 后来里士满成为拉塞尔基金会慈善组织部主任。
② 这个委员会由曾经担任《调查》（Survey）杂志总编的保罗·凯洛格（Paul Kellogg）当为委员长。凯洛格在美国社会调查历史上具有重要意义的"匹兹堡调查"研究室担任研究员。

Roosevelt）①成立了进步党（Progressive Party），NCCC委员会向进步党游说他们的政策主张。进步党采纳了这个政策的大部分并把它作为该党的政策纲领。这一事件意味着一直以来被视为不同领域的社会政策（social policy）和慈善事业（philanthropy）得到了融合。1912年是对社会改革者来说是非常有意义的一年，这一年为禁止童工和改变居住环境而长期奋斗的努力得到了国家领导者的认同。进步党在1912年总统选举中得到了社会工作者的压倒一切的支持。亚当斯在进步党全党会议上经上议院议员阿尔伯特·贝弗里奇（Albert Beveridge）介绍，做了推举西奥多·罗斯福为总统候选人的演说。她演讲时会场上响起了雷鸣般的掌声，第二天各大报纸都报道了亚当斯推举总统候选人的演说，其版面超过了总统候选人罗斯福的演说。②亚当斯巡游全国，宣传进步党的政策，为此成了著名人士（Flanklin，1986：513）。但是进步党只不过是共和党的分派而已，而且只有少数狂热者支持政党政策，大部分党员并不关心改革方案，甚至对此持有反对意见。

　　亚当斯在民众心中的威望从1909年到1915年间达到了顶峰。1909年，她当选为NCCC会长，她是在NCCC历史上的第一位女性

---

　　① 西奥多·罗斯福（Theodore Roosevelt）从1901年至1909年任美国总统，是连任美国第26任总统。他与从1933年到1945年美国第32任总统富兰克林·罗斯福是两个不同的人物。西奥多·罗斯福在1912年总统选举时脱离共和党，成立进步党并以进步党身份出任总统候选人，但是民主党候选人伍德罗·威尔逊（Woodrow Wilson）获得630万票，共和党候选人威廉·塔夫脱（William Taft）获得350万票，进步党候选人西奥多·罗斯福获得410万票，最终由民主党威尔逊当选为总统。
　　② 亚当斯在其自传书中做了如下的回顾：进步党全党大会的几个委员会事实上是NCCC的分会，在这样的聚会中感受到宗教式的热情而感到欣喜（Jane Addams, *The Second Twenty Years at Hull House*, New York: Macmilan, 1930, pp. 28-32）。

会长。同年，她被授予耶鲁大学名誉博士，这也是在美国历史上的第一位女名誉博士。1907年至1916年间，她出版了六本书和一百五十多篇随笔。在第一次世界大战爆发前，亚当斯是美国最受欢迎的女性（Davis，1973：193）。

欧洲爆发第一次世界大战后，她的影响力波及美国的社会工作领域。面对战争，在美国的社会工作内部出现了支持战争和反对战争的两个派别。里士满是主战派，而亚当斯反对战争。里士满主张应该开发保护参战军人家属的技术，而亚当斯则极力反对战争，为维护和平竭尽了全力。

第一次世界大战爆发前，在社会工作领域里，里士满的影响力仍占主导地位。在1907年至1912年间，除亚当斯当选为会长的1909年以外，里士满一直参加NCCC的活动。1912年，里士满在名为"医疗及社会协作"（Medical and Social Cooperation）的论文中谈到了社会工作专门职业与医学专门职业相类似的观点。这一理论对后来形成社会工作专门职业产生了巨大的影响。里士满在1913年至1914年没有参加NCCC，但1915年当她再次参加NCCC时，与会者依然能感受其影响力。1914年，里士满受聘为当时比较著名的纽约博爱学校（New York School of Philanthropy）①

---

① 纽约博爱学校（New York School of Philanthropy）成立于1904年，但它的历史可以追溯到1898年纽约慈善组织首次开设的"夏日学校"（Summer School）。这个学校第一次为从事专门社会工作的人开办了高等教育课程，由纽约慈善组织协会（New York Charity Organization Society）提供了为期六周的夏日学校教育项目。1904年，这个社会工作者培训项目改为纽约博爱学校培训项目，培训时间延长到八周，此后又延长到两年。纽约博爱大学与哥伦比亚大学保持密切联系，并于1919年更名为社会工作学院，这个名称一致使用到1963年。此后纽约社会工作学院变为现在的哥伦比亚大学社会工作学院。

肯尼迪演讲学院（Kennedy Lecture）的演讲师，她的讲座受到了人们的好评。1915年，NCCC以社会工作教育为主题，在巴尔的摩（Baltimore）召开了会议。与里士满保持密切关系且极力批评亚当斯的爱德华·迪瓦恩（Edward Devine）和医生弗莱克斯纳（Abraham Flexner）①围绕社会工作专门职业做了主题发言（Flanklin，1986：515）。

曾批评过亚当斯政治活动的迪瓦恩，在1915年NCCC会议上提到他曾就职的纽约博爱学校的发展历史，并发表了有关社会工作专业学校的课程设计意见。他邀请里士满为纽约博爱学校的第一任讲师。迪瓦恩主张在社会工作教育中，首选开设的课程应该是管理个人和家庭的课程。他的这一观点反映了把问题原因归结于个人、不强调环境或结构限制的慈善组织协会的哲学思想（Devine，1915：609）。

随着社会工作者开始为参战军人家属提供各项服务，里士满的名声越来越大。1918年第一次世界大战结束后，威尔逊（Wilson）总统提出应该为参战军人家属提供家政服务（Home Service）的建议，并通过红十字会（Red Cross）募集了四亿美元。里士满承担了通过红十字会提供家政服务的自愿者培训项目的开发任务。《社会诊断》一书的出版和红十字会家政服务（Red Cross Home Service），把里士满扶上了专职社会工作指导者的地位。

与此相反，亚当斯因反对战争，反对社会工作专门化，在

---

① 弗莱克斯纳在这个会议上以"社会工作是专门职业吗？"为题发表了论文。他的发言引发了社会工作专门性问题的争论。他指出社会工作在某些方面——知性方面、从科学和学习中提炼知识方面、专门的自我意识方面、利他主义方面——具有专门职业的属性，但是因为缺乏责任性和沟通技术不能构成专门职业。

民众中的威望逐渐衰弱。在20世纪20年代,亚当斯被认为是最危险的激进主义者,特别是到了1921年,史密斯学院(Smith College)排挤亚当斯,并以推进社会工作专业化奠定科学基础的名义向里士满授予了名誉硕士学位,自此亚当斯的名声进一步减弱。这件事情着实让亚当斯感到悲伤。从亚当斯是接受大学教育的第一代女性来看,从史密斯学院是为女性提供大学教育的第一所大学的角度来看,从亚当斯获得史密斯学院的录取通知书,但因身体原因未能完成学业的角度来看,一切的一切都令亚当斯感到失望。虽然亚当斯被芝加哥大学(University of Chicago)授予名誉法学博士学位,被西北大学(Northwestern University)和加利福尼亚大学(University of California)授予名誉博士学位,但这些都不是社会工作研究生院授予的学位(Flanklin, 1986:518)。

亚当斯在社会工作领域的影响力在1922年NCCC创立50周年纪念大会①以后达到了低谷。在这个会议上,当她的亲朋好友伊迪丝·雅培(Edith Abbott)、朱莉娅莱·斯罗普(Julia Lathrop)、爱丽丝·汉密尔顿(Alice Hamilton,哈佛大学第一位女性教授)、格雷厄姆·泰勒(Graham Taylor)等推荐亚当斯为会长时,遭到对亚当斯战争时期的反战主义抱有不同意见的会员们的强烈反对,提名也因此被否决。站在反对派前沿的是和里士满一样保守的纽约慈善协会的荷马·佛克斯(Homer Folks),最后佛克斯当选为NCCC会长。亚当斯虽然反对社会工作专门化,但在邻保馆工作的职员们自然而然地成了社会工作者,邻保馆也成为社区中心(community center)。亚当斯在社会工作领域受

---

① 1922年以后,NCCC转变为NCSW(National Confernce of Social Work)。

到最大的责难是在1932年总统大选时投票给共和党候选人赫伯特·胡佛（Herbert Hoover）。

在社会工作领域，里士满影响力的提高和亚当斯在民众心中的威望衰减说明了什么呢？这一事实实际上意味着个人主义持续影响着美国社会。美国慈善协会运动在个人主义的文化背景下绽放起来，但在个人主义文化膨胀的美国社会，具有先进性的邻保馆运动却并没有像慈善协会那样开花结果。

（4）除工伤赔偿制度以外的社会保险制度的引入失败

保险（insurance）替代了慈善（charity），这是对思考社会福利的人来说是一项非常有魅力的制度。慈善理论和实践是基于帮助贫民的宗教义务而形成的，与此相反，保险不是基于慈善和同情，而是以相互间的自身利益（mutual self-interest）为基础的具有现代技术的一种形式。寄希望于保险的人们不是什么慈悲为怀的利他主义者，而是精明的商业家。他们通过经历经济危机，认识到保险可以分担危机带来的风险。

19世纪80年代的美国，曾发生过户主们持续几个月拿不到工资的状况。户主不能工作的情况有：①生病；②工作中受伤；③因经济疲软处于失业状态；④因年老不能工作；⑤死亡。因为工会或共济会（friendly society）对户主提供一定保护，不足的部分可以通过保险形式获得补偿，因而可以不依赖于慈善组织。工人无论发生什么事故，都可以向保险公司提出赔偿，而不是等待救济。保险也为慈善家和纳税人减少了救济负担，所以保险可以说是一项好的制度。现代保险最初是14世纪的商人为了自己的海上货物免受损失而引进的制度，商人之间签订了损失共担、利润共享的契约。

20世纪初,美国的政界和民间团体为引入社会保险制度而进行过争论。首先曾是联邦劳动局(Department of Labor)官员的威廉·威洛比(William Willoughby)于1898年出版了介绍欧洲社会保险的《劳动者保险》(*Workingmen's Insurance*)一书;1911年劳动部部长(Commissioner of Labor)出版了《劳动者保险和赔偿制度》(*Workmen's Insurance and Compensation*)。同时,1912年在总统大选中①以共和党革新派和社会改革者为核心而创建的进步党,推举西奥多·罗斯福(Theodore Roosevelt)为总统候选人。进步党在亚当斯的帮助下提倡"新民族主义"(New Nationalism),提出了劳动者工伤保险和从疾病、失业、年老等风险中保护劳动者及其家属的"社会保险法案",并把它作为竞选纲领的一部分。进步党的政策纲领提出不仅要制定劳动者赔偿制度,而且还要引入应付疾病、不合规范的雇佣关系以及老龄危机的社会保险制度。罗斯福提出要建立可以与英国的劳埃德·乔治(Lloyd George)和温斯顿·丘吉尔(Winston Churchill)创立的社会保障制度相媲美的、以保护个人为目的的美国式保险制度(Rimlinger,1971:63—64),但因其在总统选举中败给了以自由为选举政纲的威尔逊(Wilson),所以使政界引入社会保险制度的运动成了泡影。

1912年的美国还没有形成可以接收罗斯福理念的社会环境。当时的美国人比起罗斯福的"新民族主义",更加赞成以自由主

---

① 1911年,英国制定并实施了《国民保险法》,这意味着其向福利国家的迈进。

义竞争体系为基础的威尔逊的"新自由主义"。威尔逊在1912年的选举中攻击罗斯福而提出的社会福利系统是政府指导和监督公民,成为公民的监督者。他刁难罗斯福的方法是把个人交给政府,个人在接收政府保护的瞬间成为失去独立人格的被保护者。威尔逊的这种信念来自个人的成功和自我塑造,即对个人主义的深信不疑(Rimlinger,1971:65—66)。

威尔逊与罗斯福理念上的大对决对1912年美国的政治动态以及美国社会福利的发展具有重要意义。20世纪初,个人主义的自由放任思想逐渐衰退,福利国家的新型国家模式依靠主要政党的宣传而逐渐被人们所接收。但在1912年大选中威尔逊击败罗斯福成为美国新一任总统,这意味着美国还没有成熟到完全摆脱个人主义的自由放任主义思想,引入社会保险制度的路途还是相当遥远。

① 引入工伤保险制度

因主张引入社会保险制度的进步党候选人罗斯福落选,在政界试图引入社会保险的气氛也逐渐消失,但在民间强调社会保险制度的必要性,为引入社会保险创造环境条件的运动却蓬勃发展起来,特别是对引入工伤保险制度的争论正在谨慎地进行着。这次活动的主导者是非政界的知识分子和知识分子集中的民间团体。民众对社会保险的支持始于聚集在1906年的NCCC会议上由研究劳动经济学、社会经济学的学者和研究劳动法、劳动行政学的学者成立的美国劳动法协会(American Association for Labor Legislation,简称AALL)。在此之前的1901年,NCCC任命后来任芝加哥大学社会学教授、浸礼教牧师查尔斯·亨德森(Charles Henderson)为劳动保险研究委员会委员长,对社会保险开始了实质性研究（Leiby, 1978: 201）。

　　在美国引起劳动者工伤赔偿制度的关心始于由拉塞尔·塞奇（Russell Sage）财团提供财政支持、由保罗·凯洛格（Paul Kellogg）①组织开展的1907—1908年的"匹兹堡调查"（Pittsburgh Survey）②事件。在此次调查中，最受人们关注的是由克莱丝特·伊士曼（Crystal Eastman）负责的产业事故部分的调查结果。根据伊士曼的调查，1907—1908年，阿勒格尼县（Allegheny County）匹兹堡市的总人口为100万左右，其中25万是工薪阶层。在工薪阶层中有7万人从事与钢铁相关的工作，5万人在铁路部门工作，2万人为矿工。他们从事的生产领域是当地的先导产业，但产业事故发生也很频繁。从1906年7月1日到1907年6月30日的被调查期间内，因产业事故死亡的劳动者人数为526人，其中钢铁及相关行业死亡195人、铁路及相关行业死亡人数为125人、矿工71人。从调查三个月的医院登记记录上看，非致命性的产业事故也有509起。在生产中，非致命性产业事故的发生是可能的，但问题的关键是因产业事故伤亡的人大多是中青年阶层。根据她的调查，因产业事故而死亡的工人中，占84%的人是40岁以下的劳动者，30岁以下的占60%（Eastman, 1910: 13）。

　　伊士曼在调查中主要关心两个问题：第一是劳动者在劳动中受伤的责任方是谁？第二是事故的经济后果是什么？按匹兹堡市的惯例，劳动者伤害事故的发生，95%是由于劳动者的不注意引

---

① 保罗·凯洛格当时是体现改革倾向的刊物《调查》（*Survey*）的总编。
② "匹兹堡调查"从1907—1908年间调查位于阿勒格尼县（Allegheny County）的匹兹堡市产业工人的生活现状，从1909—1914年共出版了6卷调查报告。该报告中充满了令人震惊的伤亡统计数据，此书出版后不久即再版，立刻成为畅销书。

起的。如果能够证明工人的不注意是事故发生的次要原因，那么劳动者的伤害赔偿是会有弹性的。在劳动者还不熟悉无过失责任理论（doctrine of Liability without fault）①的情况下，有必要让美国劳动者明确不仅是劳动者自身，而且生产环境也会发生劳动者的伤害事故，对此雇主应该负有责任（Eastman，1910：85）。

　　伊士曼调查了410起造成劳动者死亡的产业事故。因为任何事故的责任属性都会有重复的可能，所以死亡的原因有501项。具体地说，事故责任在于劳动者个人的有132起，在于工友责任的56起，在于监理责任的49起，在于厂方责任的147起，但剩余的117起则无过错方。伊士曼综合了所有因素后得出的结论是，只有事故的21%是因为劳动者的不注意造成的。所以"不注意"的概念不是绝对的，人们即使在最完美的作业环境中也会受伤，也会因事故失去生命，因而平均法则（low of average）不能被废除。产业事故的原因可能是人的过失，也可能是机器的缺陷，亦可能是因长时间的劳动疲劳而造成的。如果劳动者不注意安全，盲目操作，那么谁为事故的发生负责呢？这个事故也许是来自劳动者尽快完成工作的持续的压力，也许是厂方强调效率的缘故（Eastman，1910：95）。

　　伊士曼调查了产业事故带来的经济损失。她调查了因产业事故而死亡的526件中的467件。在整个死亡事故中，65个家庭得到了100美元以下的补偿；40个家庭得到了400美元的补偿；40个家庭得到了500—2000美元的补偿。因产业灾害事故而死亡的有

---

　　① 无过失责任理论是指当雇主能够证明劳动者遭受的产业事故的原因是基于劳动者的不注意或过失时才能摆脱赔偿责任的理论。

家室的男性有258人,她调查了其中的235件。根据她的调查,在235件男性户主死亡事故中,得到死亡补偿的家庭只有59户,而在男性户主死亡的家庭中不到10%的20户得到了2000美元以上的补偿金。根据这些资料,伊斯曼指出,虽然发生产业事故,但雇主在经济上并没有受到多大的损失,但在事故中受伤的劳动者因受伤而失去工作,死亡劳动者家属和其他成员面临继续就业的问题,因而在事故中受经济损失的不是雇主,而是劳动者及其家属(Eastman, 1910: 110, 114)。

伊斯曼的调查结果引发了对劳动者事故补偿的争议。NCCC的社会保险委员会委员路易斯·布兰代斯(Louis Brandeis)认为,应对事故、疾病、失业、老龄、死亡的劳动者保险,可以使劳动者独立起来,因而主张实施劳动者保险。但是他的主要观点不是为了保障劳动者的收入,而是基于"社会效率"(social efficiency)。这个委员会制定的标准成为1912年进步党的总统竞选纲领。

全美劳动法学会作为国际劳动法学会(International Association for Labor Legislation)的分支组织,开始研究劳动者产业事故赔偿问题。1908年,全美劳动法学会虽然只是有200名会员的小规模组织,但都是由德高望重的会员组成。全美劳动法学会在《调查》(Survey)刊物上刊登了很多论文,他们为了改善劳动条件而批判性地研究劳动法规,提出具有典型意义的法案。①

全美劳动法学会的创始人之一、哥伦比亚大学教授亨利·西

---

① 这个学会的创始人之一、哥伦比亚大学教授塞缪尔·林赛(Samuel Lindsay)后来成为哥伦比亚大学社会工作学院院长。

格（Henry Seager）在美国最早出版了有关社会保险方面的《社会保险》（Social Insurance）一书。西格所著的《社会保险》在美国社会保险历史上具有重要的意义。在这本书中，西格批判了美国的个人主义，明确指出不管国家的政治状况如何，工业化肯定需要社会保险。他认为保护劳动者本身是工业化的产物，不是依靠个人主义的个人自助所能解决的问题。他认为基于个人主义的自助精神在农业社会是适用的，但是农夫和工匠转变为工业化社会的产业工人以后，需要的是"依靠国家的强制性权威"的保护（Seager，1910：150）。

1902年，马里兰州制定了美国最初的《劳动者工伤事故赔偿法》，但这部法律受到违宪的判决。1908年，联邦政府通过了以联邦政府的劳动者为对象的《劳动者产业事故赔偿法》。1910年，伊斯曼以匹兹堡调查为基础出版了《劳动事故与法》（Work-Accidents and the Law）一书。1911年，全美制造业协会同意建立劳动者工伤事故赔偿制度。从1910年到1913年间，22个州制定了劳动者工伤事故赔偿法，到1917年扩大到39个州，1920年43个州制定了工伤事故赔偿法（Leiby，1978：205）。

那么，为什么在1935年之前美国引入的其他社会保险制度的努力都失败，而只有劳动者工伤事故保险制度能够成功呢？这是因为劳动者工伤事故保险制度可以保存人力资源，提高劳动效率，对雇主集团是有利的。当时主张引入社会保险制度的学者的主要依据是对人力资本投资的重要性。早期社会保险的支持论者认为通过社会保险可以保障人力资源、提高劳动效率。劳动者事故赔偿法运动的指导者之一的约翰·可曼斯（John R. Commons，

1959：857）指出，《劳动者事故赔偿法》的实施不在于社会利益，而在于雇主的利益。他以威斯康星州的经验为例，说明了雇主依靠政府的《劳动者事故赔偿法》可以获得更多的利润。

　　事实上，20世纪初，雇主因为无过失责任主义的逐渐强势而急于寻找突破口。很多雇主虽然参与了责任保险，但是当劳动者遭受产业灾害事故时，他们还是因为法律问题而伤脑筋。与其他风险不同，一旦发生与劳动相关的事故，从雇主角度来看，总是法律问题和财政问题相伴而生。在这种情况下，产业事故赔偿制度可以帮助雇主解决令人头疼的法律问题和财产问题。在美国，劳动者产业事故赔偿制度不是基于社会的连带意识和父权制温情主义而产生的，而是依据雇主的利益而形成。这样的制度有保护人力资源的一面，也适合美国的个人主义价值观。由此看来，美国劳动者产业事故保险制度反映了保障雇主利益的美国的个人主义，因而比起其他的社会保险更容易引入。

　　② 推进健康保险制度的失败

　　成功引入劳动者工伤保险制度的社会保险专家们曾预想其他的强制性社会保险制度也应该能够顺利推进。他们想到在美国社会已经深入探讨过劳动者产业灾害事故补赔偿制度，国人对社会保险制度的理解应该是很深刻的，于是自1915年开始全美劳动法学会（AALL）和社会改革家们小心谨慎地讨论了健康保险制度。并向社会工作者、医生、工会领导者渗透健康保险意识，促使他们也开始议论健康保险并传播其影响力，因而犹如工伤保险法轻松通过一样，健康保险最初也表现出很顺利的样子（Rubinow，1934：207—209），但是这样的希望之光不久便泯灭了。

在美国，最初论及医疗保险是1915年。在1915—1920年间，是否实施强制性医疗保险问题成为人们最为关注的社会问题之一。劳动者产业事故赔偿制度是针对遭受与生产相关的事故或疾病而提供保护的制度，但是劳动者可能与职业无关的原因而患疾病，其家属也可能出现健康问题。健康保险是为了满足这样的需求而被论及。在德国，俾斯麦政府在1883年实施了世界上第一个健康保险制度，俾斯麦政府把健康保险称之为"疾病保险"（sickness insurance），而在英国引入医疗保险的劳埃德·乔治（Lloyd George）把焦点从"疾病"转移到"健康"。

健康保险制度关系到财政与医疗组织的重大变革、医疗行业的地位和社会责任的急剧变化、社会福利领域中政府权力的扩大等问题，因而是非常敏感的话题。在美国，最早提出健康保险的学者是哥伦比亚大学教授亨利·西格（Henry Seager）、经济学家欧文·费雪（Eerving Fisher）①和被称为美国社会保险先驱的伊萨克·鲁比诺（Issac Rubinow）。②

---

① 欧文·费雪于1916年当选为全美劳动法学会会长。
② 被称为美国社会保险之父的伊萨克·鲁比诺（Issac Max Rubinow，1875—1936）出生于俄罗斯，1893年移民美国并转入哥伦比亚大学，于1895年毕业。大学毕业以后，他在纽约大学（当时的大学医学院，University Medical College）继续学习，于1898年获得医学博士学位（MD）。此后，他在纽约进行为贫民治疗疾病的医学实习，期间他关注社会经济问题，尤其是当他看到妇女的悲惨生活后开始关注社会保险问题。从1900年到1903年，他在哥伦比亚大学学习政治学。他认为劳动者仅仅依靠个人储蓄并不能充分抵御各种社会风险，坚信只有社会保险才能预防将来的贫困。于是他放弃了医生职业，从1904年开始投入到引入社会保险的斗争之中。他在联邦政府的农林部、商务部、劳动部任职，并以社会保险家而著称。1911年，他出版了有关欧洲社会保险的书籍，后来在哥伦比亚获得了博士（Ph.D）学位。作为全美劳动法协会的创始人，他主张必须建立劳动者产业事故赔偿制度，同时他制定了全美劳动法协会的健康保险法案（朴炳铉，2005：95）。

费雪和鲁比诺从经济学的视角阐述了健康保险的必要性。费雪把健康保险与有效保护人力资源问题联系起来，指出如果因早期死亡和可以预防的疾病而导致的经济损失换算为货币，一年可达到1.5亿美元，这一数字则是国民总生产总值的5%。鲁比诺把健康保险同疾病带来的国家经济损失、劳动者难以支付必要的治疗费用的现实、落后于欧洲的社会行动等问题联系起来，阐述实施强制性健康保险的必要性。鲁比诺测算出每年因疾病而产生的企业经济损失达到800万美元，以此来提醒美国市民，使其能够接受健康保险（Rubinow, 1913: 162—171）。他认为解决疾病问题不是个人利益或个人的福利问题，而是关系到国家的全体利益和公共福利问题。鲁比诺认为，运营健康保险可能会需要大量费用，但健康保险是提高国民健康和幸福、提高效率的一种投资（Rimlinger, 1971: 67—68），即美国的社会保险运动的目的是提高社会效益。主张实施社会保险的学者认为，劳动者产业事故补偿制度是保障劳动者的安全，而医疗保险可以增进国民健康，提高生产效率。

全美劳动法学会在1914年夏天制定了临时性健康保险标准，于1915年11月制定了《健康保险法》草案，并于1916年在纽约、马萨诸塞、新泽西等州进行了宣传和介绍；1917年在其他15个州也进行了宣传（Lubove, 1968: 67）。这个法案的主要内容是把强制性的健康保险适用于除了从事家庭手工业劳动者、临时工、月收入不足100美元的劳动者之外的所有劳动者，同时也向医生、护士以及其他医疗工作者提供保险待遇。从给付水平来看，以所有的家庭成员为对象，补偿因疾病而损失家庭收入的2/3。保险待遇可以是实物支付，也可以是现金支付，一直支付到24周。此外，在待遇给付中包括生育和丧葬费用。保险费以个人收入的4%为基准，劳动者个人承担40%，雇主承担40%，州政府提供20%。保险费和给付水平的确定参考了德国的经验。如果把全美劳动法学会的健康保险法案同英国和德国的健康保险模式相比，那么美国的健康保险法案还是更倾向于德国模式。

但是健康保险的实施面临着相关利益集团的强烈反对。首先，雇主集团认为健康保险是非美国式的不公平的制度。对雇主而言，劳动者产业事故赔偿制度比以前实行的雇主责任制度（employer's liability）更有利，因而他们容易接受产业事故赔偿制度。但是当他们想按照标准支付健康保险费时，保险费比预想的要多得多。全美制造业协会（National Association of Manufacturers，简称NAM）在1910年的集会中也认同劳动者事故赔偿制度，但是对强制参加的健康保险以不符合美国个人主义思想和文化、不利于美国经济发展为由而予以拒绝。在10年以后的1920年集会中，NAM的产业改善委员会、健康及安全委员会都苛评健康保险制度，认为政府促进的健康保险是"存在于美国的邪恶的德国式思维"。1922年，NAM委员会批判健康保险，认为政府推行健康保险是不明智、不必要的，对经济发展也是不利的，只能增加健康人的经济负担。NAM以上述观点为核心，提交了最终的报告书（Rimlinger，1971：76）。

关心劳动者健康的工会组织虽然对健康保险表现出友好的态度，但部分工会组织也反对健康保险的实施。一部分工会领导者赞成健康保险，但全国市民联合会（National Civic Federation，简称NCF）会长塞缪尔·龚帕斯（Samuel Gompers）为首的大部分工会领导者反对健康保险制度的实施。全国市民联合会代言人指出："主张社会保险的人是想破坏我们的制度，我们正在为美国市民的自由而奋斗的时刻，还有必要动员强制吗？"他们认为通过采取预防和自发的民间服务项目可以解决健康问题（Lubove，1968：85）。雇主和劳动者也联合起来，在《全国市民联合会评论》（National Civic Federation Review）上发表意见，指出所谓社会改革家的诈骗集团蛊惑劳动者，试图实施强制性的健康保险。他们认为在健康保险中隐含的风险是官僚主义、共产主义、个人独裁、个人及家庭责任的弱化、高费用、不公平的医疗行为等（Stone，1919：58）。①这样的观点深刻反映了美国的个人主义精神。

医生集团也反对健康保险。英国医生和美国医生对待健康保险的态度是不同的。英国医生为了摆脱以合同为基础的医疗行为的压制而接受健康保险，但是美国医生把强制性的健康保险视为普及合同制的手段（朴炳铉，2005）。虽然有几名著名医科大学的教授和医疗领域的官僚对健康保险持肯定的态度，但是多数隶属于医疗协会的个体开业医生极力反对健康保险。其实如果仔细研究健康保险的内容后可以发现，对医生而言，只提供医疗服务而不必担心患者支付医疗费用能力，对他们来说是有利的，但是美国医生对健康保险具有无条件的敌对感，其内部还是有难以言状的隐私。

---

① 具有讽刺意义的是写这篇评论的作者沃伦·斯顿（Warren Stone）不是雇主，而是劳动者。

那么，健康保险的哪些因素让美国的医生们如此反对健康保险呢？这是医生从劳动者产业事故赔偿制度中领悟到的经验。在大部分州，承担劳动者事故赔偿的机关都有确定医疗费用的权利，由雇主或者保险公司指定治疗医生。医生辛辣地批判了患者选择权的缺失和保险公司的剥削现象。实际上，很多医生反对健康保险的原因是因为产业事故赔偿制度而使他们受到的损失。当时的美国医生协会（AMA）会长亚历山大·兰伯特（Alexander Lambert）也有同感，他指出同行们反对健康保险的根源来自于实施产业事故赔偿制度的经验。鲁比诺指出，健康保险的实施可能会使医生的社会经济地位发生变化，而这种担心也是来自于围绕劳动者产业事故赔偿制度所体现的医疗行为的经验（Lubove，1968：79—80）。

尽管社会改革者为健康保险做出了巨大的努力，但是在1915—1920年间，推进健康保险的运动还是以完全失败而告终。医生集团为了保护自身的自治权和地位坚决反对健康保险。从医生的立场上看，健康保险意味着医疗行为合同制的普遍化和医疗费用决定权的丧失。事实上，美国的医疗领域是与慈善行为绝对协调的"充满个人主义的岛国"（island of individualism）（Lubove，1968：89）。同时在健康保险中蕴涵着强烈的"德国式"意识，也不符合强调个人主义精神的美国人的价值观。①

③ 推进失业保险制度的失败

推进健康保险的运动失败以后，有关社会保险的议题转向失

---

① 2007年开封的由迈克尔·摩尔（Michael Moore）导演的电影《医疗内幕》（Sicko）揭露了美国因公共健康保险的缺失而带来的各种社会问题。

业保险。在美国议论失业问题可以追溯到19世纪，但是正式讨论失业保险问题是1914年的全美劳动法学会会议。相对其他社会保险而言，雇主集团更加反对失业保险制度。虽然有些州提出了失业保险法议案，但都面临着雇主集团的强烈反对。比其他州具有进步色彩的马萨诸塞州也提出了失业保险法议案，但因为劳动者的不关心态度和雇主的坚决反对而遭到否决，1922年当其再次向失业保险特别委员会提交议案时，也遭到了同样的命运。这个特别委员会反对失业保险法案的理由是，对失业者提供补偿不符合劳动是美德的美国传统价值，大部分雇主也有这样的思维方式，很多劳动者也认同这样的观点（Rimlinger，1971：78—79）。

当时《华尔街时报》（1919）发表评论说，"向失业者提供失业金比向患病者提供疾病治疗更加有害。失业保险助长装病和懒惰，这与英国的济贫法一样，会助长贫民"，由此反对向有劳动能力的失业者提供救济（Rimlinger，1971：78），因此即使到了20世纪20年代，也很少有雇主具备对失业者提供帮助的社会责任意识。

④ 推进老龄年金制度的失败

19世纪中叶开始，美国的老龄人口呈增长趋势。1850年，美国65岁以上的老人占总人口2.1%，到了1900年这个比率上升到4.07%，1910年达到4.3%，在1920年增长到5.67%。从1900年到1930年间，老年人口的增长率比总人口的增长率或者65岁以下的人口增长率还要高。1900年，男性的平均寿命是47.88岁，女性为50.70岁，但是到了1929年分别增长到57.51和60.99岁（Lubove，1968：114）。

伴随老年人口的增加,老年人的自理能力也不断减退。进入工业化社会,随着经济组织和家庭结构的变化,老人的地位不断下降。根据鲁比诺的研究,老年贫困的核心是只依靠工资而生存的现象日益严重。工资制度使进入老龄期的劳动者的退休成为可能,只要老人继续参与生产劳动,他们的生存便不会成为问题,但是如果老人的生产能力达不到雇主所规定的最低标准,就会影响老人参与劳动的机会,老人在经济上就会面临困难。科学经营方式使雇主把在最短时间内获得最大效率作为决定辞退员工与否的标准。在农耕社会,只要存在父权制的家庭制度,老人问题就并不严重,老年人的家长制权威会比生产能力更加长久地存续下去。家庭是一个规模很大的消费单位,家庭成员不是共同繁荣就是一同陷入贫困之中(Rubinow,1913:302—305)。促使老人的权威和经济功能同时丧失的原因是家庭成员之间的纽带和连带关系日益松散的现代核心家庭的生成和扩大(Epstein,1928:10)。

进入工业化社会后,老年人再也不能靠以往赖以生存的制度性装置,而通过自发性的勤俭和保险也难以有效地抵御新的风险。根据鲁比诺的观察,老年期的贫困并不是偶然发生的,而是生活过程中发生的正常的危机。预防性的努力,即靠医学的发达或者卫生条件的改善可以减轻危机的程度,但是老年问题是长期的,而不是临时性的问题,况且老龄期能够持续到何时,谁也无法预测。作为人生最后阶段危机的老龄期会使家庭储蓄枯竭,在这种情况下,应对老龄期风险的方法只能是老龄年金(Rubinow,1913:302)。

在这样的背景下,老龄年金制度开始小心翼翼地被提到专家及官僚的议事日程中。在美国最早提出老龄年金问题的是1907年马萨诸塞州成立的老龄年金委员会。依据这个委员会的统计，1910年在马萨诸塞州65岁以上的人口是177 000人，其中135 788人是没有依靠的老人。在无依靠的老人中，3480人居住在济贫院（almshouse），5000人接受公共或民间救济（Lubove，1968：118）。

在1920年以前，老龄年金法案在一些州和议会中得到宣传和介绍。1909年，宾夕法尼亚州上议院议员威廉·威尔逊（William B.Wilson）①提出了对在美国居住至少25年的65岁以上老人应该提供每年120美元年金的议案。美国劳动工会联盟（AFL）在1909年认同了这一法案。1911年具有社会主义倾向的上议院议员维克多·贝格尔（Victor Berger）提出对月收入不足10美元的老人应该支付每周4美元、每年提供208美元的议案（Leiby，1978：211）。

老龄年金同其他社会保险一样，是在没有工资时提供收入保障的制度设计，但是社会工作者对年金制度持反对意见，尤其是深受纽约慈善组织协会爱德华·迪瓦恩（Edward Devine）和拉塞尔·塞奇基金会（Russell Sage Foundation）里士满影响的社会工作者更加反对年金制度。他们认为年金制度实际上是一种院外救济的形态，支持遗属年金的学者并不研究解决遗属问题的个别计划和案例，而是把问题的核心看做"钱"的问题。

在美国，很多人认为老年人的生存问题可以通过成熟的个人

---

① 后来，威廉·威尔逊曾任劳动部部长。

主义和慈善志愿精神来解决。在美国实施老龄年金制度意味着把美国经济和社会制度的失败予以正当化，强制缴费的老龄年金制度不是美国人所向往的，而且强制参与也不符合在美国高度发展的自我实现、独立精神、自我负责的精神。因为当时持美国的老龄问题可以通过志愿服务精神来解决的观点占据优势，因而在1935年大恐慌之前，对强制缴费的老龄年金制度未曾认真讨论过。

⑤ 推进社会保险制度失败的意义

20世纪初，在美国除了产业事故赔偿保险制度以外，其他社会保险制度的推进运动都以失败而告终。那么在大恐慌之前，什么原因阻碍美国社会福利制度的发展呢？这是自由放任的经济思想与美国特有的个人主义相融合而发挥作用的缘故。美国的自由放任主义限制了联邦政府对市场经济的干预，扩张了个人的自由经济活动。这样，自由放任主义在美国的个人主义土壤中不断滋生和生长起来。强调个人能力和责任的美国个人主义从殖民地时代开始就传承下来，而联邦政府最大限度地限制干预市场经济的信念来源于17世纪英国的自然权思想，并通过托马斯·杰弗逊（Thomas Jefferson）和安德鲁·杰克逊（Andrew Jackson）的继承和弘扬，成为美国的建国理念。个人经济活动的自由也是来源于古典经济学，而这种理论到19世纪中叶成为支配美国经济思想的理论。

工会领导者也支持个人主义和志愿主义而反对社会保险制度。如果美国的劳动者或者劳动者团体大力支持社会保险制度，也许在美国容易推进社会保险制度。1890年登台的规模比较大的美国劳动者组织是美国劳动者联盟（AFL），这个组织主张对个人提供社会或国家的保护是不符合美国精神,因而反对政府对个人问题的介入。当然社会保险的推进并没有弱化工会运动的意图,但是工会领导者并没有对社会保险采取友好的态度,从这一点来看,美国劳动者联盟选择了不同于欧洲的全国工会组织①、瑞典的社会民主党或者英国的劳动党的路线。

5. 大恐慌和新政时代:个人主义的衰退和社会福利制度的发展

从1929年10月24日证券市场的崩盘开始历经十多年的大恐慌时代,给美国的政治、经济、社会、文化等各个领域带来了重大的变化,尤其是联邦政府找到了对社会福利领域进行全面干预的正当理由,成为社会福利发展史上的转折点。经过进步主义时代,贫困原因在于个人性格缺陷的自由主义哲学观点受到了批判,但是真正动摇自由主义哲学基础的恰恰是大恐慌。大恐慌使美国人改变了思维方式,认识到不仅是个人的缺陷,而且社会结构的缺陷也会使个人陷于贫困,也会处于失业状态。

(1)严重的经济停滞

大恐慌对美国的自由放任主义和个人主义给予了沉重的打击。20世纪30年代的大恐慌破坏了在个人主义文化基础上形成的信用结构,失业人数增加,收入减少。大恐慌发生在经济繁荣时期,而且持续时间很长,历史上任何一次经济危机都没有像30年代那样规模大,持续时间长。

20世纪30年代,受经济危机影响的规模和持续的时间之长

---

① 如瑞典蓝领工会联合会(LO)与社会民主党联合起来,在瑞典福利国家方面起了决定性作用。

可以从下面的统计中表现出来：1929年经济危机之前，GNP达到1 031亿美元，但到1933年却减少到556亿美元，从1934年开始GNP有所增长，到1937年才达到904亿美元，但第二年的1938年再次下降到847亿美元，到1941年GNP一直未达到大恐慌之前的水平。从失业率来看，20世纪20年代只有4%，处于就业稳定状态，但是到30年代增加到9%，经济危机最严重的1933年3月，失业人口占劳动总人口的29%，达到1 500万人。1932年、1933年、1934年、1938年每年1000万以上的人处于失业状态之中。虽然借助经济复苏项目，1937年失业率下降到14%，但到1938年再次增长到19%。①据美国联邦政府临时救济厅的统计，失业率最高、收入最低的1933年10月，大约占总人口10%的300万家庭的1 250万人靠失业救济金而生存（Axinn and Levin, 1992：176；Rimlinger, 1971：196）。

在国民收入中，农村家庭收入从1929年的10.4%减少到1933年的7.5%。美国人均可支配收入，1929年是682美元，到1933年下降到364美元，若以1964年的价格换算，则是从1 273美元下降到938美元，而这种状况到了1940年才有所好转，恢复到1929年的人均实际收入水平。另一方面银行也不断破产，从1932年年末到1933年年初，大约4000多家银行倒闭。一些工人虽然有银行储蓄存款，但因为银行的破产丧失了所有的储蓄，有些人连房屋和农场都失去了（Rimlinger, 1971：197）。

大多数劳动者面对收入中断和减少显得束手无策。欧洲的

---

① 大恐慌后出现的失业率最高的年份是1982年，达到10.8%。

工人靠社会保险制度能够应对收入中断或收入减少的经济危机，而美国的工人虽然有少数学者和理论家为实施社会保险制度而努力，但美国的劳动者除了劳动产业事故赔偿制度以外，不能享受任何的社会保险，数百万劳动者处于收入完全中断的危机状态之中。即使大规模的失业人群出现，但因没有失业保险制度，对失业者的救济也显得束手无策。也就是说，美国因为没有设计控制财富，应对收入中断的制度，因而在经济停滞时期产生了数以万计的贫民。

20世纪30年代，美国的总人口大约是1.23亿人，其中劳动者是4900万，65岁以上的人口大约650万人。在老年人中，享受年金的人约占10%左右，其中80%的人享受军人年金（Bureau of Labor Statistics，1929：3）。同时，1930年大约107 000劳动者享受失业保险，其中33 500人参加工会保险，大约65 000人参与雇主—工会混合保险，只有8 500人参加了雇主单一保险（Stewart，1930：201—202）。这种统计说明，在20世纪30年代初，大部分劳动者不能享受失业保险待遇。

（2）联邦政府的救济政策

1940年，一位社会工作者曾经指出美国的社会福利"从1929年到1939年10年间比过去300年发展的总和还要多"。大恐慌之前的20世纪20年代，联邦政府、州政府及地方政府的社会福利费用支出之和仅有1亿美元左右，大恐慌初期的1932年也仅仅是2.08亿左右，人均社会福利费用支出只有1.67美元，仅占国民收入的0.5%，社会福利的发展相对缓慢（Patterso，1996：56）。大恐慌之前，社会福利发展相对缓慢的原因是美国人认为通过民间的慈善或民间年金制度可以解决贫困问题，这也意味着美国人始终坚信个人主义可以解决贫困问题的信念。

但是过了几年，不仅没有出现经济复苏的迹象，经济停滞现象反而愈演愈烈。1933年3月，当选为总统的富兰克林·罗斯福（Franklin D. Roosevelt）①大胆地实施了新政（New Deal）。支撑新政的哲学基础是联邦政府应该放弃自由放任主义哲学，对公共福利投入更多的资源。自从1854年美国皮尔斯总统（Pierce）以"帮助不幸人的责任在于州政府，联邦政府不能以救济为借口干涉州政府"为由，首次对精神健康法实施否决权以来，联邦政府一直固守不介入社会福利的原则，罗斯福新政意味着联邦政府放弃了长期固守的政府不介入社会福利的原则。

在新政的指导下，社会福利费用支出开始出现增长趋势。1933年年初，议会追加了5亿美元的直接救济费用。联邦紧急救济管理局（Federal Emergency Relief Administration，简称FERA）局长哈利·霍布金斯（Harry Hopkins）已经认识到广泛存在贫困现象的事实，并提出解决贫困问题的核心是提高购买力。他在罗斯福总统任命其为局长不到2个小时内就支出了500万美元的救济费用，大部分救济费是以现金形式直接支付给贫民。同年秋天，罗斯福总统要求民间劳动管理局（Civil Works Administration，简称CWA）帮助贫民度过1933年年末到1934年年初的寒冷的冬天。劳动管理局实行的劳动救济项目是不以资产调查为前提，面向所有

---

① 罗斯福称自己是进步主义和社会正义主义的继承者，坚持要对遭受经济危机痛苦的人怀着慈悲的心，提供人性化的救济。他在当选总统之前，与纽约的很多中产阶层改革者和社会工作者建立了友好关系。

劳动者提供无差别的救济，而通过这一项目，到1934年1月，400万人接受了救济。CWA支付的救济费用是每周平均15美元，这个水平是FERA支付的2倍或2.5倍。在新政中没有比CWA更为宽松的政策，如果没有CWA，美国社会可能会出现大量居民营养不良和整个社会不稳定的现象。到1934年2月，通过FERA、CWA以及雇佣年轻人的民间护林集团（Civilian Conservation Corps，简称CCC）的森林项目，接受救济的家庭达到8万户，·占美国当时总人口22.2%的2800万人，这是在美国历史上达到最高水平的公共福利。

（3）汤森运动

在美国实施社会保险制度的过程中，最为引人关注的是为了引入老龄年金制度而开展的汤森（Townsend）运动。汤森运动始于内科医生法兰西斯·汤森（Francis E.Townsend）于1933年9月30日在加利福尼亚的《长滩新闻电讯报》（*Long Beach Press-Telegram*）中以"治愈恐慌"（Cure for Depressions）为题而发表的文章。这篇文章内容非常简单，即联邦政府应该要求年满60岁的所有老人"停滞就业，以每月全部消费为条件"，给每个人支付150美元的年金，实施这个项目的财源用销售税来充当。①这个计划的出发点是老人接受150美元的年金后立刻消费，而这种消费可以恢复消费者的购买力，活跃经济，最终使经济状况能够好转。②

汤森没有想到这篇文章会引起如此强烈的反响。每天报纸

---

① 从1933年12月发布的请愿书的记载来看，对60岁以上的所有市民，不管有无前科记录，每月都要支付200美元，把原来所说的150美元提高到200美元，在资金筹集上把销售税转换成交易税。

②这样的提案是以货币主义经济学为基础的，同为克服20世纪30年代的大恐慌提供了理论基础的凯恩斯经济学相似。

的版面都在讨论和评价这个计划的长处与不足，不少机关还向汤森发出邀请，请他来指导设计治愈恐慌的方案。这种意想不到的反映，使汤森运动向全国扩散，而且2500多万人签名支持这一运动。一时间，这一运动发展成为向政府施加压力，要求政府引入老龄年金制度的政治运动。支持汤森运动并参与汤森俱乐部的会员在1936年达到220万人，其中2/3的人是60岁以上的老年人（Holtzman，1963：35）。

如果严格分析20世纪30年代风靡一时的汤森运动，就可以看出其归根到底还是源于美国的个人主义文化。欧洲国家在老年人口增长之前已经实施了老龄年金制度。因文化上的差异，美国老人比欧洲国家的老人更加孤独。在欧洲，工会运动为争取老年人的收入保障可以与资本家阶层对抗，但美国工会运动对老年人的收入保障漠不关心，而且汤森运动也仅仅是急进的对策，实际上美国社会并不希望发生激进的变化。汤森运动具有福音主义、保守主义的特点，虽然是激进的方案，实际上还是认同传统的立法过程。汤森运动的理想背后隐含着对美国经济的生产性和利润体系的天真的信任。在缺乏合理而科学理念的基础上形成的单纯"实践"性的汤森运动不过是"自助"的另一种表现形态，也是典型的美国式的个人主义的表现形式。更具有讽刺意味的是这个计划不是宣扬对老年人的社会扶养责任，而是通过老年人的年金消费来扶养社会。这个计划并不是富者帮助贫困者，因为汤森运动所需财源为营业税，无论是富人还是穷人，在购买商品时同样缴纳税金，所以在某种意义上可以说是穷人在帮助富人。这种现象只有在美国这样的国家才能出现的怪相，也可以说是美国文化依据汤森运动而提出的议案虽然没有被通过，但是这个运动引发了以社会保护为目的的美国的大众运动。罗斯福指出："我们不得不实施老龄年金制度。如果不实施老龄年金制度，议会不可能抵御来自汤森运动的压力。"总之，汤森运动为把老年人收入保障制度置于社会保障法的优先地位做出了巨大的贡献。

（4）推进老龄年金运动的重现

随着汤森运动的影响和老年贫困问题的加深，在美国确立老龄年金制度的运动重新发动起来。罗斯福总统在他任纽约州州长（1929—1932）时就已经关注了老龄年金，他在1929年2月28日的国情咨文中曾建议设立调查老年人生活安定问题的委员会，并对老年问题的性质做了如下的分析：

> 不能把老年人的贫困视为羞耻而不谈，也不能认为老年贫困是因为他们没有勤俭和无能而产生的必然结果。老人贫困是现代工业社会单纯的附属物。仅仅靠外部帮助而生存的老年人正在以令人难以置信的速度增加……现代社会没有比送到济贫院的老人或者又贫困又衰老的劳动者更加悲惨。因此应该基于社会良心，建立更加人性化的有效保护老年人的制度。（Roosevelt, 1938: 209—210）

罗斯福在这篇国情咨文中明确指出不仅要确立针对需要保护老人的老年补助制度，而且也要建立依据贡献而给付的社会保险制度。他告诫那些担心费用的议员,即使维持现有的济贫院也需要相应的费用,因此需要新的经济手段来扶养日益增长的老年人(Rimlinger,1971:212)。

但是考察罗斯福任纽约州州长时期所倡导的老龄年金制度,当时争论的老龄年金制度仍然是在个人主义文化框架之下进行的。罗斯福组建了老年保障委员会,他对这个委员会所做的研究报告做了如下的评价:

> 最成功的制度是基于阶层秩序而建立的制度。依据这个制度,对年轻时没有为养老做任何准备的人应该赋予保障最低水平的资格。但是如果薪金劳动者考虑老年期不断增长的消费而缴纳一部分费用,那么可以对其提供上升为另一个阶层的机会。换句话说,对老年人不是单纯的保障衣食住行,而是要保障达到基本水平以上的较高水平的生活,应该鼓励劳动者储蓄并积累一定的保险费。(Roosevelt,1938:217)

罗斯福说服薪金劳动者自己养活自己,进而减轻州政府的负担,即减少高收入纳税人的负担,这意味着美国的老龄年金是建立在个人主义文化的基础之上。罗斯福从国外的经验中认识到社会保险对经济发展的影响,当然,这并不意味着他已经认识到了其在推进美国式的全新的社会保险原则。这个原则是社会保护不应该仅仅局限于需要保护的人,而应该扩大到并不需要保护的人,至少使他们的生活水平达到最低生活水平以上。1930年,罗斯福在竞选纽约州州长时支持这样的思想，这也与美国的个人主义思想一脉相通。

> 我希望参与工业、农业等经济活动的年轻人能够很自如地应付老年贫困期，所缴纳的保险费应该是工人、雇主和州政府共同负担。用这样的方式，当年轻人进入到依靠他人生存的老年期时，可以依靠积累金度过安逸的老年生活。用这样的方式所接受的帮助是自己努力和付出的结果。他们不是接受慈善援助，他们接受的是劳动和保险期间所积累的自然结果。（Roosevelt，1938：417）

在这里，罗斯福阐述了美国社会保险理念的主旨，即社会保险领受人应该通过自身的努力和领悟来保护自己，这是强制性的集体合作的自助行为，也是一种没有依赖的保护，这也与美国的个人主义文化相吻合（Rimlinger，1971：214）。

老龄年金是在完全公平原则的基础上实施的。英国老龄年金的目的在于保障老年人的最低生活，而美国的老龄年金的支付额与退休以前的工资总额联系在一起。劳动者的年金收入替代率为劳动者终生工资的50%，其支付额为每月85—100美元。由此可以看出美国的老龄年金的目的不是保障老年人的最低生活，而是强调保险的公平性质。

（5）失业保险运动的重新崛起

罗斯福在引入老龄年金制度之前曾预想实施失业保险制度。

1930年6月，时任纽约州州长的他参加了在盐湖城召开的各州州长会议。他向这个会议发出书函，指出"90%的失业原因不在于劳动者自身，国外已经实施了失业保险制度"，并提出了建立失业保险制度的必要性（Rimlinger，1971：214）。当时很多人认为在美国失业保险并不是紧急事项，在经济好转时再建失业保险制度也不迟。但问题是在经济好转时失业保险的重要性显示不出来。

在20世纪30年代的大恐慌时期，罗斯福再次提到了建立失业保险制度的必要性，经济萧条促使人们重新思考失业保险的意义。反对失业保险制度的核心观点是增加雇主负担，影响劳动者的劳动动机。但是经济大萧条促使政府的政策从不干预失业的政策向积极干预的方向转换。1931年联邦政府干预失业保险之前，17个州议会已经讨论了建立失业保险制度的问题。对社会保险表现出进步主义倾向的威斯康星州不顾州"制造者经营协会"的反对，于1932年制定了失业保险法案。但有意思的是，在经济萧条之前主张失业保险会损坏象征美国的独立心、进取心和资助精神的个人主义学者在大萧条时期却认为，为了保护美国的个人主义应该实施失业保险制度。

例如，俄亥俄州失业保险委员会对失业保险做了如下的整理：

> ……没有州层面的失业保险制度，州的安全性、公共基金的给付能力、数千万市民的家庭生活、众多家庭的儿童身心福利以及被称之为美国主义（Americanism）的独立、进取、自立精神都面临着威胁。

（6）《社会保障法》的制定

迈向《社会保障法》的第一步是1934年6月8日罗斯福总统向议会提交的具有历史性意义的社会保障总统意见书。罗斯福指出，犹如宪法明示的"如果联邦政府是'为了增进全民福利'而成立的话，那么决定福利、提供保障则是我们的责任"。这是在美国历史上第一次由总统宣明在宪法中包含着保护个人经济安全权利的内容。罗斯福在这篇意见书中指出了社会保险的基本原理，阐述了实施失业和老年福利的必要性，但在此没有提及健康保险。罗斯福总统对社会保障财源方面指出："我认为支付社会保险金所必要的财源，比起使用税收收入，用社会保险缴费基金来充当更加合理。"由此看出，他主张社会保险费用应该由受惠者承担。同时，他认为社会保障项目应该在全国范围内实施，联邦政府和州政府应该密切合作（Rimlinger，1971：221）。

向议会提交社会保障意见书三周以后，罗斯福组建了经济保障委员会，由劳动部部长弗兰西斯·珀金斯（Frances Perkins）①担任委员长。委员会提交了增进国民经济安全的报告书。罗斯福在社会保障中强调了失业保险、老龄年金、儿童救济、公共保健等项目。

罗斯福总统在1935年8月14日签署了具有历史意义的《社会保障法》。1935年是德国实施《社会保险法》50周年，英国和瑞典实施社会保险也有了25年的历史，不仅如此，1935年大部分欧洲国家已实施了对贫困家庭提供家庭补贴的政策。虽然美国《社

---

① 弗兰西斯·珀金斯曾是赫尔馆（resident of Hull House）的居住者。

会保障法》的出台相对晚一些，但是这标志着联邦政府实现了对社会福利进行直接干预的历史性转换。

《社会保障法》从三个方面规定了收入方面的保障：第一是由联邦政府运营的社会保险项目；第二是联邦政府提供财政支持，由州政府运营的公共补助项目；第三是由州政府或地方政府提供的福利项目。属于社会保险项目的有老龄年金（Old Age Insurance，简称OAI）和失业保险，典型的公共救济项目是ADC（Aid to Dependent Chidren），具体内容是由联邦政府对有1名以上需要抚养儿童的家庭每月提供6美元，有2名以上儿童的家庭提供10美元。

《社会保障法》的基本概念是区分能被雇佣的人和不能被雇佣的人。对可以接受雇佣的人或者正在受雇佣的人，为了使他们能够应对失业和老龄两种风险状态，由联邦政府运营社会保险项目；而对那些不可能参与劳动、需要救济的人，由联邦政府为州政府或地方政府的救济项目提供财政支持。这种补助金仅仅向诸如65岁以上的老人、需要保护的儿童、盲人等特定人群提供，即州政府或地方政府的救济项目只针对满足一定条件的人群。

美国的《社会保障法》承认美国社会存在不平等。该法是建立在强调个人权利的个人主义文化基础上的，因为依据它所确立的社会保障制度具有基于缴费原则的自救特征。事实上美国的社会保障制度不能反映财富从富者向穷人转移的再分配的福利哲学理念，不承认也不反映阶层之间的差异。美国的社会保障制度与社会各阶层的收入水平无关。当然，美国的《社会保障法》承认居住在不同州的市民之间的差异，而且农业生产者、家务劳动者、临时劳动者、非营利组织中的从业人员、自营业者等都被排除在该法之外。

时任社会保障委员会委员长的道格拉斯·布朗（Douglas Brown）曾对《社会保障法》做了说明，他指出，"个人希望政府能够提供通过自身努力来预防依赖的机制"。这意味着把个人主义式的社会保险假象用强制参与的原则掩盖起来。如老龄年金的享受待遇的领受权如同契约，是基于契约而获得的资格，而不是基于社会权而获得的权利，因而老龄年金与其说是"享受待遇"，倒不如说是在"赚得优惠"（earn benefit）。这样的《社会保障法》实际上反映了个人生活不能依赖于支配阶层慈悲心的个人主义文化。

同1935年《社会保障法》同时实施的为老人、盲人、需要保护的儿童的公共救助项目中也渗透着个人主义精神。《社会保障法》中的公共救助项目是根据给付资格确定需求，但是议会没有对需求做出明确的定义，只是让州政府自主裁量。因为各州确定需求的方法都有所不同，因而从1935年实施《社会保障法》以来，州政府就享有确定公共救助对象的权利，而且各州在确定这一对象时都附加了限制性条款，限制了享受公共救助对象的资格。因为没有明确规定州政府是否应该实施公共救助项目、实施哪些救助项目，所以1939年年初有10个州政府没有参加某些公共救助项目，致使1940年需要保护的儿童有1/3没有受到保护。同时，《社会保障法》没有规定州政府应该承担责任的最低水平，只规定了最大负担金额，因而即使被救济对象享受到救济保护，州政府所提供的给付额度也非常吝啬。依据原来的社会保障法案，联邦政府对州政府提供最大的负担费用，①即对第一个孩子每月支付12美元，第二个孩子每月支付8美元。由此，对第一个孩子每月应该支付18美元（州政府负担12美元，联邦政府承担6美元），第二个孩子应该享受12美元。1940年对需要保护的儿童家庭提供的补贴，全国每月平均达到32美元10美分，这与当年说服议会给每个老人提供30美元相比还是非常低的水平。

由于《社会保障法》中只规定州政府应承担的最大费用，②因而各州的给付水平也不尽相同。1939年，向需要保护儿童的家庭提供的ACD水平最低的是阿肯色（Arkansas）州，每个家庭平均8美元10美分，最高的州是马萨诸塞州，达到61美元7美分。一般来说，南部的州给付水平相对低，而东北地区各州的给付水平要相对高一些。

从社会福利发展的历史脉络来看，大恐慌的结果导致了1935年8月15日由罗斯福总统签署的《社会保障法》的出台。该法使罗斯福新政的各种社会立法和联邦政府主导的经济保障制度以及社会保险和公共救助成为社会福利政策的核心。从美国的社会福利发展历史来看，可以把《社会保障法》视为联邦政府对社会福利责任的扩大，同时也意味着关于贫困的新哲学的诞生。大恐慌以及随之产生的新政和《社会保障法》改变了美国社会福利制度的发展方向。当然，罗斯福新政对社会福利制度并非仅仅留下了正面的影响，依据新政形成的社会福利项目不仅给付水平低，

---

① 最终的《社会保障法》最后以15美元为标准做了上调。
② 这与确定最低水平（national minimum）的英国有区别。

而且地区之间的差距也非常大；同时，医疗补助或者医疗保险、公共住宅政策等并没有发展起来，这样使美国长期居于福利落后国之列。欧洲许多国家同时进行家庭、医疗、住宅、救济等福利项目，把贫民或者不是贫民的市民都纳入到社会福利对象范围之内，与此相反，美国从新政时代开始把社会福利项目分为社会保险和公共救助，进而对享受公共救助的人留下了耻辱的烙印，因而没有开发出具有一贯性的社会福利政策（Patterson，1986：76）。

（7）功能主义社会工作实践方法的登场

大恐慌不仅对政府的社会福利政策产生了深远的影响，而且对民间的社会工作方法也产生了重大的影响。1915年时任NCCC理事的弗莱克斯纳（Flexner）发表了"社会工作不是专门职业"的论断之后，美国的社会工作者以精神分析理论为基础，努力把社会工作发展成为新的专门职业。社会工作专门职业意味着以个人主义文化为基础的民间的社会工作，与政府主导的社会福利制度之间有相当大的距离。但是20世纪20年代达到顶峰的以精神医学理论为基础的社会工作实践在经历大恐慌的过程中遇到了很多困难，不得不谋求新的解决方法。

针对大恐慌以及由此产生的大规模的贫困，需要紧急开展新的贫民救济项目，确立社会工作者和政府之间的新关系。环境的变化对根据精神分析理论而建立起来的社会工作专门职业的效用提出了质疑。经过与简·亚当斯进行激烈的理念争论而发展起来的、被称为个案工作（case work）的社会工作实践面对大恐慌的袭击也显得束手无策，没有发挥有效的作用。

大恐慌对社会工作者提出了新的要求，很多社会工作者受雇于新的机关，而新的机关并不是过去的小型机构，而是由政府提供财政支援的、阶层分明的大规模的官僚组织。大恐慌要求社会工作者改革社会工作方法，开展社会行动。但是按照传统的社会工作方法，社会工作者是专门家、咨询家、指导者，而不是大恐慌时期所要求的主导改革的社会行动家。罗斯福任总统以后，贫困救济项目急速膨胀，因而要求重新界定救济和社会工作者之间的关系。以往解决贫困问题的慈善团体的作用现在由政府的救助项目所替代，过去社会工作者仅仅作为施舍而忽视的救济项目，现在已经作为一种权利而被重新认识，根据精神分析理论而建立起来的个案工作方法也不再具有实用性。

大恐慌开始以后，轻视公共福利的传统社会工作受到了批判，取而代之的新的社会工作实践方法得到宣传和普及，其出发点是宾夕法尼亚社会工作研究生院教授弗吉尼亚·罗宾逊（Virginia Robinson）于1930年出版的《社会工作中变化着的心理学》（*A Changing Psychology in Social Work*）一书。罗宾逊以奥托·兰克（Otto Rank）的心理学为背景，综合研究了个人性格和社会环境之间的关系。那些不满意传统社会工作实践方法的社会工作者开始关注罗宾逊。罗宾逊认为，在新的社会工作方法中，案主应该在个案工作中成为中心，应该重视案主和社会工作者之间的关系，相对于案主的客观性社会福利，应该更加重视案主的心理和情绪上的适应性。在罗宾逊的社会工作方法中，比起具体的服务、家庭访问、环境调整，更加重视案主自由访问能够给自己提供服务的机关。在这种社会工作方法中，社会工作者的作用是帮助案主能够有效地利用服务机关。由此可以看出，在罗宾逊的社会工作方法中，十分强调机关的功能,①机关是联系案主和社会工作者的纽带。大恐慌时期,在联邦政府的紧急救助机关日益增多的情况下,传统的社会工作方法还来不及寻找新的应对方法,而此时罗宾逊强调机关功能的方法,对尽快培养在公共机关工作的社会工作者,使其适应新的工作环境做出了巨大的贡献(Ehrenreich,1986:125)。

史密斯学院(Smith College)的伯莎·雷诺兹(Bertha Reynolds)把罗宾逊的社会工作方法在代表个案工作的杂志《家庭》(Family)上做了介绍。最初很多社会工作者把它作为一种新的社会工作方法而予以接受,此后罗宾逊的同事杰西·塔夫脱(Jessie Taft)②继续开发罗宾逊的方法。罗宾逊和杰西的新的社会工作方法被称之为"功能主义学派"(Functional School),而这个学派产生之时就同以弗洛伊德心理学和美国传统主流文化的个人主义为基础的传统社会工作方法,即"诊断主义学派"(Diagnostic School)产生了激烈的冲突。

诊断主义学派和功能主义学派之间的争论,③表面上看是两

---

① 因为强调机关的"功能",罗宾逊的社会工作方法被称为"功能主义学派"(Functional School)。

② 1920年,里士满曾以没有实践经验为由,反对拉塞尔·塞奇基金会录用获得芝加哥大学博士学位的杰西·塔夫脱。

③ 在美国东部8所著名私立大学(Ivy league)中,只有哥伦比亚大学和宾夕法尼亚大学有社会工作研究生院。当时哥伦比亚大学的诊断主义学派和宾夕法尼亚大学的功能主义学派之间的竞争很激烈,这种竞争也影响到毕业生的就业。从功能主义学派为主流的学院毕业的学生在诊断主义学派占据主流的机关就业时经常遭到拒绝,反之也是如此,而且针对接受服务的案主,机关之间的委托和移动也难以进行。在两派之间的竞争中,还有一段有趣的轶事。1938年在大西洋市(Atlantic city)召开的会议中,预想用解决问题方法(problem solving approach)调节诊断主义和功能主义学派的海伦·帕尔曼(Helen Perlman)一行准备到饭店吃午饭时,饭店服务生问道:"请到哪儿呢?请到诊断主义学派还是功能主义学派?"(Gottesfeld and Pharis,1977:109)

个学派之间在社会工作方法的差异或者是理论背景的差异（弗洛伊德心理学对奥拓·兰克心理学），但是实际上两个学派争论的核心是如何看待人的问题、如何看待大恐慌时期出现的福利国家对社会工作产生的影响问题。继承罗宾逊观点、完成功能主义学派的杰西·塔夫脱试图在新的社会政治环境中重新解析社会工作的内涵。她主张的社会工作本质上是基于政府社会政策的实践，而这种新的方法与主张兼有知识和技术、在与案主的关系中保留优越的控制权的传统的社会工作方法有很大的差距。新的社会工作方法是对在个人主义文化中成长起来的传统社会工作方法的一种背离，而大恐慌使这种背离成为可能。

　　功能主义学派对大恐慌时期忽然登场的福利国家进行了认真的思考，研究了福利国家的出现对社会工作的影响，重新审视了社会环境和个人之间的关系。但是功能主义学派并没有扩大社会工作的外延，也没有揭示出社会工作者希望的社会工作专门职业的地位和获得社会工作自治权的有效路径。他们是在大恐慌时期暂时发亮的社会工作实践中的少数派。如果20世纪30年代的大恐慌持续出现，而政府为了解决贫困问题继续深入开展新的实践，那么功能主义学派的理论也许会有更强的说服力，在社会工作实践方法上也许能够获得更多的主动权（Ehrenreich，1986：136）。

　　但是随着克服大恐慌的新政的出现，1937年和1938年经济萧条现象并没有加剧，而且一直到60年代贫困大战争爆发之前，美国没有实施新的救济项目。在这样的情况下，不仅要解决个人贫困问题，而且同时要解决社会经济问题的功能主义学派的主张开始衰退，这样因大恐慌而暂时失效的传统的个别治疗方法在美国的社会工作方法中又占据了主导地位。

那么诊断主义学派和功能主义学派的对立结果意味着什么呢？个人主义文化占主流的美国，历来反对联邦政府干预的社会福利项目。促使政府不介入社会福利的传统之所以能够在美国长期持续下去的原因是与以玛丽·里士满所倡导的传统社会工作方法是分不开的。以玛丽·里士满为核心而发展起来的社会工作方法是轻视社会政策、重视个别介入、以精神分析理论为基础的社会工作方法。但是20世纪30年代的大恐慌促使政府不得不介入贫困问题的解决，很多社会工作者离开民间福利机关，受雇于政府部门的机关。在这样的情况下新登场的社会工作方法就是功能主义。这是在个人主义文化中难以产生的社会工作方法，因而功能主义学派仅仅是大恐慌时期昙花一现的产物。克服大恐慌危机、经济恢复以后，社会工作实践的主导权又转移到强调个人主义文化的，把贫困根源归结为个人责任的传统的社会工作方法之中。

6. 贫困大战争与福利爆炸时代

（1）福利爆炸和WIN项目的实施

可以把20世纪60年代的美国称之为"福利爆炸"（welfare explosion）的时代。"福利爆炸"始于迈克尔·哈灵顿（Michael Harrington）在1962年所著的《另一个美国》（*The Other America*）。在这部书中，哈灵顿生动地描述了美国农村的贫困生活，指出美国的2亿人口中约有5 000万人处于贫困状态。在总统竞选的游说期间，肯尼迪已经目睹了西弗吉尼亚州（West Virginia）农村地区的贫困状态，当选为总统以后，他便要求总统咨询委员会研究贫困问题。肯尼迪总统惨遭暗杀以后，继任总统的约翰逊于1964年宣布发动一次拔贫困之根的"贫困战争"（War on Poverty）。于是在20世纪30年代以后，贫困问题首次作为社会问题引起政府的关注（Patterson，1986：99）。

作为实施"贫困战争"的结果，最为引人注目的是从1935年颁布《社会保障法》开始实施的AFDC公共补助项目的受惠家庭爆炸式地增长。20世纪50年代，享受AFDC的家庭只增长了11万户，增长率为17%，但从1960年12月到1969年3月则增长了80万家庭，增长率为107%，从1967年到1972年几乎增长了2倍。尤其是北部地区和城市的增长率为160%。这犹如"福利爆炸"一样，呈现出福利受惠者急剧增长的趋势（Piven and Cloward，1971）。

但是诸如AFDC福利项目的急剧扩张而带来的福利膨胀，使南部一些懒惰的贫民为了享受AFDC福利待遇，开始向北方城市移居。AFDC项目也因破坏家庭、增加非婚生子女（illegitimacy）、弱化劳动伦理（work ethic）而受到了批判。对福利膨胀的批判直接造就了"工作福利"（workfare）的新概念，带来了"激励工作"的"WIN"（Work Incentive Now）项目。"工作福利"和"激励工作"对1970年以后的美国社会福利产生了持续的影响。WIN项目的目的是对AFDC的受惠者进行职业培训并使其能够就业。

WIN项目具有"怀柔"（胡萝卜，carrot）和"威胁"（棍棒，stick）的双重性质。"怀柔"是"30 + 1/3"（thirty plus one-third），即在AFDC给付方面，针对劳动而获得的月收入，第一个30美元和30美元以上部分的1/3不在福利给付中扣除（即每月收入的第一个30美元和剩余的1/3之和不计入计算福利给付待遇的收入）；接受职业培训时，政府支付托儿费用。"威胁"是赋予州政府对没有正当理由拒绝参与职业培训的AFDC受惠者（父母和16岁以上的子女）可以取消其资格的权利（Patterson，1986：175）。

但是WIN项目比起"怀柔"来更加强调"威胁"，WIN的核心是联邦政府承认州政府对没有正当理由而拒绝参与职业培训的成人和16岁以上的孩子解除AFDC的权利。即使这样，WIN项目没有获得成功，因为对托儿保护所必要的资金严重短缺，享受AFDC的母亲不愿把孩子放在家里而参与职业培训。只有适应AFDC-UP的父亲和16岁以上并辍学的青少年以及有上学子女的少数母亲参加了这一项目（Patterson，1986：175）。截止到1970年3月，登记WIN的人数是167 000人，但1/3以上的人半途而废，只有25 000人找到就业岗位，因而WIN并未取得显著效果（Levitan and Taggart，1971）。

虽然WIN表面上未取得预期效果，但对美国社会福利制度的影响是不可忽视的，更为重要的是从此以后美国社会福利向"工作福利"方向转变。WIN项目的制定和实施意味着1935年启动的AFDC的目的发生了转变。AFDC是帮助贫困母亲的福利项目，通过其救助，养育儿童的贫困家庭的母亲可以不用工作，在家照看孩子。在制定AFDC政策时，作为其受惠者，贫困家庭的儿童和母亲是"享受福利资格的贫民"（deserving poor），但是WIN项目要求贫困家庭的母亲参与劳动。

WIN使AFDC受惠者——贫困家庭的母亲——成为"没有享受福利资格的贫民"（undeserving poor）。在美国，以1929年大恐慌时代为起点，对贫困的解释几经周折，发生了多重变化。从"贫困的个人责任观"逐渐向"贫困的社会经济论"转化，而这种观点经过60年代的反贫困运动时代，一直持续到70年代，但从70年代末开始又逐渐回归到19世纪盛行的把贫困归为个人责任的个人主义和自由主义价值观中。实际上，渗透在WIN内部的自由主义价值观从20世纪70年代后半期以新保守主义名义在美国社会开始流行，继而对美国福利产生了持续的影响。

健康是个人责任的思想长期支配着强调自我负责的个人主义精神的美国社会。在这样的背景下，联邦政府对医疗领域的干预难以实现。1935年，罗斯福民主党执政时期，在《社会保障法》初案中已经记入了健康保险条款，但因医生团体的反对，因此在《社会保障法》中未能体现。第二次世界大战以后，杜鲁门民主党执政时期为通过《健康保险法》做过不懈的努力，但同样因医生团体的强力反对而失败。艾森豪威尔共和党执政时期，因顺应医生团体反对医疗社会化的主张而未能实施健康保险制度。虽然肯尼迪民主党执政时期，坚持杜鲁门政府的政策主张并结合舆论要求为制定健康保险做过努力。约翰逊民主党政府虽然通过了医疗保护（Medicare）政策，但是医疗保护对象不是全民，而是65岁以上的老人。

（2）FAP的失败

在制定WIN项目之前，替代AFDC的福利制度改革的努力已经开展起来。20世纪60年代末，美国社会因福利膨胀而陷入困境，特别是北方地区的州政府因日益增长的福利需求而伤脑筋，不断地向联邦政府请求援助。为了解决这样的"福利混乱"

（welfare mess）问题，尼克松总统于1969年8月大胆地制定了"FAP"（Family Assistance Plan）计划。FAP的核心是以AFDC家庭、养父母家庭、无子女家庭、65岁以下的所有个人为适用对象，以四口之家为标准，保障年收入为1 600美元。FAP是强化劳动动机，在一定范围内，依据负所得税（negative income tax）①，劳动者工作越多就获得更多收入的政策。政策制定者预测因为FAP保障收入为1 600美元，比福利水平很低的南部8个州的AFDC略高一些，因此若实施FAP可能对南部贫困阶层很有帮助，而且若在北方各州实施FAP，贫民从南部移居北方的数量可能大大减少。因为有这样的益处，以至于《经济学家》杂志盛赞"尼克松的FAP堪与30年代罗斯福的社会保障法相媲美"（Patterson，1986：192）。

尼克松总统和FAP立法者的总统福利咨询委员会委员丹尼·莫尼汉（Daniel Moynihan）曾预测具有进步倾向的民主党中间派议员和反对AFDC并主张工作福利的共和党议员肯定会支持FAP议案。②但是事与愿违，在议会中只有以老人、残疾人为对象的公共救济项目SSI被通过，而FAP却没有被通过。共和党保守派议员以FAP对贫民提供最低保障，鼓励以劳动的规定太弱为理由而对FAP持反对态度，具有进步倾向的民主党议员则以FAP的

---

① 负所得税是指特定家庭收入如果未达到按照家庭规模设定的最低收入（如最低生活保障费），政府就以税收返还形式对其支付一定比例的差额，即超过最低保障线的收入，因发生正所得税，所以承担一定的税金，但低于最低保障线的收入，因发生负所得税，所以可以从政府那里得到收入补助。

② 丹尼·莫尼汉（Daniel Moynihan）在《保证收入的政治》（*Politics of a Guaranteed Income*，New York: Random House，1973)一书中对FAP做了详细的说明。

强制劳动的规定过于强硬、给付水平太低的理由也反对FAP,因而FAP立案三年后最终被废除。

  那么,为什么同样是公共救济项目的SSI能够在议会通过,而FAP却被否决呢?FAP在议会被否决是因为受益的双重性、逆诱因效果、财源问题、联邦政府的困境等问题(金泰成、柳镇锡、安祥薰,2005:104—106)。虽然表面上这些问题影响到FAP的顺利通过,但根本原因还是在于美国社会福利中根深蒂固的理念。以个人主义文化为基础的美国社会,在福利领域严格区分"享受援助资格的贫民"和"不能享受福利待遇的贫民",而这样的价值观长期反映在社会福利领域之中。当时被议会通过并一直存续至今的SSI,其救济对象是没有收入的老人,这些老人是享有援助资格的贫民,而FAP的对象是有劳动能力的贫民家庭的母亲,是没有享受援助资格的贫民。从这样的视角看,FAP在议会没有被通过是因为不愿对那些没有享受福利待遇资格的贫民提供救济的美国个人主义文化起作用的缘故。

  7. 向个人主义回归:福利国家的危机和新保守主义的登场

  1975年以前,社会保障制度的发展是靠经济的增长来实现的,随着经济的繁荣,福利项目也急剧膨胀,财政状况也大有好转。但包括预测未来社会福利发展的保障厅官僚的所有的人都未能预测到20世纪60年代人口膨胀的终结、70年代能源危机的广泛和通货膨胀的加速等事实,更重要的是任何人都没有预测到物价上升速度比工资增长速度还要快,而且持续时间比预计的还要长。在这样的经济危机背景下,1980年11月,共和党候选人里根以51%对41%的比例击败了民主党候选人卡特当选为美国总统。①标榜新保守主义的里根当选为美国总统,意味着20世纪30年代以来美国政治经济社会的所有领域进行政府干预的"新政体系"的解体,也意味着在美国社会19世纪以来个人主义式的自由主义意识形态的回归。

20世纪80年代强调与以往时代不同的意识形态,其特征表现为以下几个方面(朴炳铉,2005:130:132)。

第一,从保护向竞争转变。新保守主义认为美国经济的主要问题是从民间企业收取太多,对贫民给予太多。新保守主义认为在美国社会,社会工作者、福利专任公务员、女权运动家、民主运动者都对政府施加压力,过度保护社会危机,由此造成企业生产效率低下,资本主义处于危机状态,因而应该恢复对民间企业的信任,并把亚当·斯密的18世纪资本主义的意识形态在20世纪80年代给予回归。这意味着政府试图缓解对民间企业的制约,促进民间企业之间的竞争,减少对贫民的福利支出。

第二,从干预向管理转变。新保守主义认为最合理的政府应该是最少的干预,他们认为美国政府虽然促进了经济增长,但事实上正阻碍着经济的发展,使资本主义市场经济病入膏肓。新保守主义认为,20世纪70年代出现的投资减少、税收和通货膨胀上升的现象是由于政府向民间企业过度干预,对公共部门过度保护

---

① 当1980年罗纳德·里根(Ronald Reagan)击败了时任总统卡特当选为美国总统的时候,华盛顿的共和党欢呼祝贺,在各种鸡尾酒会和集会中,他们自庆共和党的胜利,幻想着通过里根的经济政策实现繁荣的梦想。有趣的是他们每个人都戴着印有亚当·斯密侧影的领带,由此可以看出里根政府的保守性[参照托德·巴克霍尔兹《已逝经济学家的新思维》(Todd G. Buchholz, *New Idea from Deal Economist*),李承焕译]。

的结果,因此他们主张应该对再分配、社会开发、社会福利等领域减少政府的干预,采取政府只负责管理和保护的自由放任的政策。20世纪30年代经济恐慌时代,联邦政府积极干预地方及州政府的经济活动,这种干预一直持续到肯尼迪和约翰逊执政时期。但是新保守主义认为,社会福利和社会开发是州政府的责任,而不应该由联邦政府承担。

第三,从尊严向追求利润转变。新保守主义信奉个人主义,但是在这种个人主义中的个人自由不是基于尊严、自决、工作、健康、和平、平等权利的自由,也不是没有性别和宗族歧视的自我开发权利的自由,更不是改革现存危机状态的经济机制的自由。新保守主义所推崇的自由是尽力赚钱、所赚归己、自我支配、随意消费的自由,这也是里根政府所向往的理想社会。在这样的意识形态支配下,导致富者更富,贫者更穷;有权者更有力量,无权者更无力的状态。这也意味着贫民得不到政府的保护,被置于自由放任的状态。

第四,从社会保障向民营企业转变。过去50年,联邦政府加强对贫民、老人、残疾人的公共救济,联邦政府在社会福利领域的作用不断扩大和普及。但是时过50年后出任的里根政府试图用民间部门取代社会保障和社会福利制度。推崇新保守主义的里根政府只是对确实贫困(truly needy)的有限的贫民提供救济,认为贫困的原因在于个人性格的缺陷和家庭的破坏,贫困不是来自于社会结构上的问题。社会福利制度破坏市场经济,成为应对经济危机的阻碍要素。因此里根政府废止或减少了AFDC、食品券(Food Stamps)、学校伙食供应等对贫民提供的公共救济项目,即里根政府坚持个人生活个人负责的理念。

第五,从平等向压制转变。新保守主义的社会福利完全依赖于达尔文适者生存的原则,里根政府第一个攻击对象的AFDC福利项目归根结底不是钱的问题。1981年,需要保护的儿童的父母大约有360万人,这并不是一个很大规模的群体,而且1981年AFDC项目预算仅仅是83亿美元,只占政府全部预算的1.1%,与此相比,国防预算占全部预算的25.3%,里根政府废除社会福利预算中只占微小部分的AFDC项目是另有目的的。他们认为通过AFDC加强对女性的经济援助,打破了男性应该负责家庭经济的传统理念,丰厚的福利破坏了家庭,弱化了男性的工作欲望。因此新保守主义者比起平等概念来更加偏好压制。

为新保守主义提供理论支持的代表性学者是查尔斯·默里(Charles Murray)和劳伦斯·米德(Lawrence Mead)。默里在其著作《失去土地》(*Losing Ground*)中指出,从帮助贫民出发的美国的福利政策实际上给美国人带来了不幸,因而有必要改革美国的福利体系。默里的改革福利制度的主张,尤其是废除AFDC福利项目的观点成为克林顿"终结现有福利体制"的竞选纲领的前奏,而克林顿执政后通过制定《个人责任与工作机会调整法》(*Personal Responsibility and Work Opportunity Reconciliation Act*,简称PRWORA),废除了AFDC。作为福利紧缩论者,米德否定了福利受益权,强调个人责任。这些保守主义的福利改革论强调制约福利受益者的行动规范,强化个人责任并主导着福利制度改革的方向。

里根政府在削减社会福利财政支出的过程中,严格区分了该削减的福利项目和不该削减的福利项目，即采用了值得援助的贫民（deserving poor）应该受到保护，而不值得援助的贫民（undeserving poor）不应该受保护的原则。首先不该削减的福利项目是通过缴费形式实施的权利意识较强的社会保险项目、以老人为对象的医疗保护项目、失业保险、退役军人年金、以老人为对象的补充保障收入（SSI）等，这样的福利项目主要是社会保险或者以老人和残疾人为对象的福利项目，在福利制度改革中没有消除这些项目，继续对其提供保护。但是在美国称之为"福利"的诸如保障贫民收入和健康项目的AFDC、食品券、医疗补助、住宅补贴、CETA等项目则是削减对象，其中攻击最为强烈的是AFDC福利项目。

严格区分值得援助的贫民和不值得援助的贫民的做法可以说是回归到19世纪慈善组织协会阶段的社会福利发展状态，特别是从里根政府开始借以AFDC不符合美国个人主义精神、降低劳动欲望的理由而予以猛烈抨击，结果从1935年开始实施的AFDC经过60年后，于1996年终于被废除了。

8. 福利制度的改革时代：强化个人责任

克林顿竞选时，社会福利方面的竞选纲领是"以往福利体系的终结"（to end welfare as we know it）。克林顿当选为总统以后，致力于社会福利制度的改革，改革的基本方向可以概括为以下三点：第一，适用"工作有其薪"（make work pay）的原则。这个原则要求凡是有劳动能力的人通过合理的工资水平和职业介绍，使其能够自觉地摆脱贫困，而为了使这一政策发挥最大限度的作用，克林顿政府扩大实施了"劳动收入税收抵免"（EITC）

政策①。第二，加强儿童福利。福利改革强化了父母就业力度，有可能使儿童和家庭无人管理，处于自由放任的状态，因而加强就业的同时必然伴随对儿童的支援。第三，把有劳动能力的福利受惠者的就业作为优先发展的政策。这一原则的核心是限制福利受惠者享受公共救济的期限。采用上述原则的福利改革，足以使人误认为这些政策是具有保守主义倾向的对贫民很苛刻的共和党的政策。

克林顿政府于1996年出台了《个人责任与工作机会调整法》，同时废止了具有60年历史的AFDC福利项目，这可以说是克林顿政府促进的福利制度改革的结果。与1935年《社会保障法》同时实施的AFDC是美国社会保障制度的象征，但同时又是批判美国社会福利制度时的主要受攻击的对象，因而克林顿政府的福利改革也不可避免地面向AFDC,其结果是AFDC终究因实施《个人责任与工作机会调整法》而被废止，代之以"对贫困家庭的临时救济制度"（Temporary Assistance to Needy Families, 简称TANF）。AFDC项目的废止和"工作有其薪"的加强意味着美国福利制度的改革是要求有劳动能力的贫民自立的改革。《个人责任与工作机会调整法》的实质是联邦政府把AFDC的补助转化为对州政府的定额补助，这样结束了"新政时代"形成的联邦政府和有福利需求的市民之间的关系。

1996年的美国福利改革可以说是与1935年《社会保障法》的制定和实施具有同等意义的重大改革。美国的社会福利是伴随

---

① 在韩国，最初把EITC翻译为"劳动收入保全税"，后来又译成"劳动收入支援税"。2006年年末，为了引入这一制度，改革了《税收特例法》，并通过向市民征集，最终定为"劳动奖励税"。

1935年的《社会保障法》的实施而发展起来的，到20世纪60年代的"贫困战争"时期达到顶峰。但是，1996年的福利改革把福利理念回归到1935年以前的意识形态之中。明克（Mink，1998）认为，《个人责任与工作机会调整法》废除了贫困儿童及其照护儿童的父母提供经济保障的"社会保障法"，引来了公共社会福利的终结。1996年的《个人责任与工作机会调整法》对福利受益权的程序、行政及财政负担转嫁到州政府，由此联邦政府在1935年以后对贫困者、无房者、饥饿者提供保护的责任便完全消失。实际上实施TANF制度以后，享受公共救济的比例减少了27%。1998年享受公共救济的美国人达到1996年以来的最低点。如果说《个人责任与工作机会调整法》的目标是减少公共救济比例的话，那么TANF制度的实施成功地实现了这一目标，反映了美国个人主义文化经过长期积淀后继续对社会福利制度产生影响。

（三）小结

20世纪之交，支配美国的以个人主义为基础的自由主义作为一种意识形态也许趋于淡化，但是这种意识形态对美国社会福利制度的内容及其发展过程产生了深刻的影响并渗透在当今的社会福利制度之中。美国的社会福利制度是在加强对有援助价值的个人提供社会服务的过程中发展起来的。同时，美国人更加推崇具有给付待遇资格（entitlement）的社会保障制度（OASDI），而对公共救济制度则加以限制。美国历史上第一次作为贫困的社会责任而出现的福利项目是大恐慌时期的实施的AFDC。因为这个福利项目使在家养育婴幼儿的女性，无论是否参与劳动都能享受了福利待遇，但是此后TANF代替AFDC，把给付待遇时期限制到2年，此后又增加限制性条件，规定只有参加劳动者才能享受待遇，进而加强了劳动规则。这反映了美国的个人负责的个人主义文化。

在美国，强调个人的个案工作得到发展也是受个人主义影响的结果（Dobelstein，1996：91）。在社会工作实践中占据核心地位的个案工作中，也存在着依据个人主义文化理论和原则开发的部分。比斯台克（Biestek，1957：23—133）指出的社会工作中的七项原则就属于这部分。在社会工作者和案主关系方面，比斯台克提出了七项核心原则，这些原则是个别化、有目的的情感表露、有控制的情绪涉入、接纳、非判断的态度、案主自决、保守秘密。"个别化"是承认和理解案主的独特性格，采用不同的理论和方法，帮助案主更好地适应环境。"个别化"原则是建立在把人看成具有个体差异的特定权利的基础上。"案主自决"原则也是承认案主的权利和需求，因此"个别化"和"案主自决"都是以个人主义为基础的。在以个体主义人生观和社会观为基础的西方个人主义文化背景下，个人是"拥有自立性和自发性"的个体，是"有明确的自我意识的、通过自我判断和责任自由地做出决定"的个体。① "有目

---

① 在集合主义文化意识很强的东方国家，个人不是与他人分离或孤立，而是与他人关系中确定其地位的。在东方社会，个人是在与他人的关系中确定其存在，通过与他人相扶相助而生活，即人是在共同体中生活的社会存在物。根据这样的人生观，在东方社会，人不是具有"强烈的自我意识和主体性"的个体，而是"努力构建与他人的和谐关系"，"时刻意识到与他人关系"的个体。对自我概念而言，个人"不是拥有自立性的绝对个体"，而是"在与他人关系中，发现自己的本质，确定自己作用"的存在物。西方的"个别化"和"自决原则"是以与他人区分开来，"自己生活自己控制"的自我概念为前提的。这样的思维方式，在集合主义文化意识很强的东方社会也许难以接受（朴炳铉、金教成、南灿燮、Chow，2007：222）。

地表露情感"的原则是案主自由地表露自己的情感，尤其是负面情感的需要，而这个原则在能够自由地发表自己意见的美国个人主义文化中容易适用（朴炳铉、金教成、南灿燮、Chow，2007：222）。总之，从历史的发展来看，美国的社会福利，无论在政策方面还是在实践领域，都是在个人主义文化的基础上发展起来的。

第四章
阶层主义文化与社会福利

一、阶层主义文化与社会福利
二、德国的阶层主义与社会福利的发展
三、日本的阶层主义与社会福利的发展

第四章 阶层主义文化与社会福利

一、阶层主义文化与社会福利

在阶层主义文化所支配的社会，社会约束多而强，集团归属感高且强，因而有可能发展国家主导的具有限制性和控制性特征的社会保障制度。在阶层主义文化中，社会成员集团意识高，成员为集团或社会做出贡献的同时，期待着集团或国家给予相应的报偿，而集团或国家为了保障社会安全，从补偿的层面上为其成员提供丰厚的社会福利。

在阶层主义文化成为主流文化的社会中，能够树立社会问题由社会负责的理念，进而形成以全民为对象的具有预防性功能的社会保障制度。阶层主义文化中的社会保障制度具有父权制性质，即上下级关系分明，把享受不同待遇视为应然之事。在这样的文化中，有可能发展维持阶层间不平等关系的、具有社会控制特点的社会保障制度。此外，在阶层主义文化中，发展组合主义性质的社会保障制度的可能性很大。组合主义容忍区域和阶层之间的差异，仅仅以参与某种组合的人缴纳保险费为条件而给付保险待遇。在此，以具有阶层主义文化特征的德国和日本社会保障制度为例，结合阶层主义文化特征，阐述阶层主义文化对德国和日本社会福利制度的影响。

二、德国阶层主义与社会福利的发展

（一）德国阶层式、父权制传统

在德国，福利概念具有二元性，一方面作为现代民主主义的"社会国家"（Sozialstaat）具有肯定意义，另一方面作为"对家臣的福利"，具有绝对主义意义。家臣是指通过家长式的政府及其政策而成为严格的社会控制对象的人（郑光锡，1992：xi）。因此用工业化、城市化、人口增长、人口移动等社会经济变化因素来说明德国的社会福利制度的发展是有局限性的。如果说社会保障制度是随着社会经济的发展而发展起来的话，那么德国社会保障制度实施时间应该比英国、比利时、瑞士、法国等国家晚一些，但德国是世界上最早实施社会保障制度的国家。

经历了较长的封建历史的德国，一直维系着通过家庭、职业、身份的自然纽带关系而增强有机体凝聚力的阶层式（hierarchical）、父权制（patriarchal）的社会秩序。在这样的社会秩序中体现出来的是阶层主义文化，其核心是下层忠于上层并受上层的保护、上层接受下层的忠诚而对下层提供保护。在封建主义社会，下层对上层履行义务并要求上层提供适当的生存条件。在德国，封建地主和农民相互间的权力和义务是明确的，农民具有对地主忠诚和服从的义务，也有纳税的义务，而地主对农民具有提供保护和指导的责任。

考察普鲁士政府对贫民的态度，可以推测在德国历史中隐含的社会福利意识，而从1894年7月普鲁士政府发布的《普鲁士市民法》（Landrecht, Civil Code）的一些条款中也可以看出政府对贫民的态度（Rimlinger，1971：94）：

1. 对不能独立维持生计的市民提供帮助和救济是国家的责任。

2. 对不能拥有维持自己和家庭生存所必要的手段和机会的人，应该针对其所拥有的优点和能力，提供适当的工作岗位。

3. 懒惰或非正常性格的人，当其拒绝接受雇佣时，应该通过适当的控制方法，对其实施强制性或处罚性劳动。

6. 为了防止市民落入贫困或无节制的浪费，国家具有采用上述手段的资格，而且理应采取上述手段。

13. 所有地区的警察机构应该救济不能维持生存的贫民和陷入困境的人。

在这些条款中隐含着传统的父权制国家观。贫民没有受保护的法定权利，但在《普鲁士市民法》中把保护贫民作为国家的责任和义务，而这种保护只是通过维持生存或提供就业岗位的方式进行，与这种保护并行的是对懒惰者或无节制者的处罚或强制劳动的父权制国家的训导,对不愿劳动的贫民的最终处罚责任由警察来完成。这是社会控制的福利制度。可以说,德国控制性的阶层主义社会福利传统是从普鲁士时代开始延续下来的。

封建统治下的德国个人主义倾向薄弱,①政府官僚制占优势。德国的官僚主义认为,君主凌驾于臣民,是臣民利害关系的调节者。这种权利的合理化来自于国家义务的父权制观念。也就是说,德国政府官僚的政治思维的核心并不是根据市民权创设新的社会权利,而是继续维持国家和个人之间的传统关系(Rimlinger,1971:93—93),这也意味着俾斯麦是一个典型的保守主义者。

在德国阶层主义文化中的父权制和权威主义的社会政治结构下,国家必须积极应对工业化周期的变化,担当起保护工业化带来的贫困劳动者的安全责任。这不仅是因为父权制本身要求国家保护劳动者,而且也是因为工人阶级是决定权利向背的重要因素。当德国废除农奴制、清算基尔特制度时,农民和手工业者是由上层决定其命运的被动臣民。随着工业化的发展,激进思想渗透到被动的下层臣民之中,而随着社会问题的严峻,需要重新解释劳动者的权利和义务。为此,自由主义者和保守主义者针对如何解决社会问题进行过长期的争论,而这种争论的最有意义的结果就是实施国家主导的社会保障制度(Rimlinger,1971:92)。也就是说,俾斯麦试图通过社会保障制度抑制不断扩张的社会主义势力,同时

---

① 瑞明格(Rimlinger,1971:104)认为,德国曾经接受以个人主义为基础的自由主义思想,如从19世纪50年代中期到70年代中期,出生于英国并曾主导德国自由主义思想的普林斯-史密斯(Prince-Smith)向德国工人传授英国斯迈尔斯的观点:"自己工作,自己储蓄,比现在更美好的未来生活作为动力,努力摆脱经济困境。"但是普林斯-史密斯的说教只是一种理想,其教理很难说服世世代代受国家或上层阶级保护的德国劳动者。

也要抚慰劳动者的不满情绪（Leiby, 1978: 197—198）。

（二）阶层主义文化中的社会保险制度

1. 俾斯麦的社会保障制度：阶层（阶级）间冲突的制度化

与英国和法国相比，工业化起步相对晚的德国只是在1850年到1873年间随着工业化的发展才经历了经济的持续增长阶段，尤其是1871年俾斯麦统一德国以后，德国经济进入到前所未有的快速发展阶段。比较1851—1855年和1881—1885年间的德国经济发展水平，实际国民总收入从106亿马克增长到214亿马克，而1911—1913年间比1881—1885年增长近两倍，实际国民总收入达到428亿马克。比较1851—1855年与1881—1885年，人均收入增长58%，而比较1851—1855年和1911—1913年，人均收入增长56%。虽然增长率有所下降，但绝对数却增长很多。19世纪后半期，德国从农业国家开始向工业化国家迈进，在19世纪最后十年一跃而成为世界先进国家，在主要产业领域开始超越英国（Rimlinger, 1971: 102—103）。第一次世界大战爆发时期，德国的经济发展已超过法国和英国，成为欧洲第一经济大国。

随着经济的增长，生产规模的扩大，工人数量也急剧增加，同时贫困、分配不公、城市化带来的住房难、物价上升等社会问题也随之出现，这些都威胁着劳动者的生活。与此同时，随着在政治经济社会中受歧视、处于边缘化地位的劳动者的阶级意识的不断觉醒，工人运动逐渐转化为社会主义运动，并与政治势力结合起来成为政治问题。因而在学者、传教者、工人运动者、管理者以及政治家之间围绕工业化时代如何团结工人阶级的问题而展开了激烈的争论。参与争论的主要代表有德国社会政策学会（Verein für Sozialpolitik）①的创立者施穆勒（Schmüller）和瓦格纳（Wagner），基督教社会政策的先驱者凯特勒（Ketteller）、托特（Todt）牧师，工人运动的指导者、德国工人总联盟的创始人拉萨尔（Lassalle）以及德国第一任宰相俾斯麦，其中19世纪末对社会政策产生最大影响的是俾斯麦（刘光浩，2001：136—137）。

作为父权制国家观的代表者及君主政体的极力推崇者，俾斯麦为了对抗当时与王室对立的自由主义者，在执政初期对工人阶级表现出极其友好的态度。但随着工人运动的不断兴起，俾斯麦则采用"胡萝卜加大棒"的政策。在"大棒"政策下，1878年德国制定了《社会主义禁止法》（Sozialistengesetz）②，对社会主义性质的政党、团体、集会、出版等活动进行镇压，强化帝国的保守性；在"胡萝卜"政策下，承诺对不参与工人运动的劳动者给予高福利待遇，对贫困阶层予以保护。从这一点来看，俾斯麦虽然意识到应该通过实施社会保险制度缓解贫困问题和经济不平等，但是他所采取的总体目标是解决政治不稳定的局面（朴炳铉，2005：204）。由此可见，德国的社会保障制度具有从阶层主义文化中滋生出来的父权制性质。俾斯麦实施的社会保障制度具有维持阶层间不平等关系的社会控制性质，目的在于解决由工业化带来的社会问题，是为了把工人阶级纳入到既存的社会经济

---

① 1872年，在施穆勒的领导下创立的德国社会政策学会，该学会认为亚当·斯密及其追随者所主张的政治经济的普遍法则反映了18世纪末19世纪初的英国特定历史状况，而19世纪60年代的德国应该适用其他法则。德国政策学会关注工人问题，主张国家应该在多方面进行干预，学会也召开了有关老年人及残疾人年金方面的会议。

② 这个法一直存续到俾斯麦离任宰相的1890年。

秩序之中，维护社会稳定。所以俾斯麦的社会政策具有典型的"从上到下"的权威主义性质。

因《社会主义禁止法》未能取得预期效果，于是俾斯麦于1881年11月17日在新议会开院之际，促使皇帝宣布实施具有组合主义管理特色的三重保险体制——产业灾害赔偿保险、疾病保险、老龄年金制度。以下是他向议会递交的讲稿中的部分内容：

> 社会疾病不能仅仅通过用社会民主抑制过激行为的方式去解决，解决社会疾病应该同时增进劳动者的福利。把这样的任务提交给议会是我们的责任和义务。如果我们为了祖国的和平和安宁，制定新型而又持续的安全装置，对需要帮助的人提供权利保障和自由，那么我们会认为神会对我们的政府赐予祝福，并帮助我们成功解决上述问题。我们确信我们的努力会得到联邦政府的支持，并期待政府超越各种党派，向议会传递支持信息。为了实现这种理想，首先应该通过应对产业灾害的劳动者的保护法案，此后通过疾病保险法。同时对因年老或疾病不能工作的劳动者，国家将提供比现在更多的救济。为了给付这样的福利待遇，探寻适当的方法是非常艰巨的任务，但这是基于基督教伦理的所有社区的崇高的任务之一。我们确信只有国家通过所有社会势力的联合、组合主义协会形态的结合以及与此相关的国家支援和援助，才能解决以往未能解决的问题。①

---

① 这部演讲稿原文记录在 *Gesammelten Werke*, Vol. XII, pp. 270-273，英文译文参见 William H. Dawson, *Social Insurance in Germany 1883-1911*（London: Scribner's, 1912），pp. 16-17（Rimlinger, 1971：114 再引用）。

在这部以"帝国敕书"（Kaiserliche Botschaft）著称的演讲稿中，实际上隐含着要建立包含产业灾害保险、疾病保险和老龄保险的社会保障制度的意愿，在当时可以说是轰动世界的。但是他的演说受到来自议会多方势力的强烈反对。反对建立俾斯麦主导的社会保险制度，实际上是反对把社会保险制度当作控制社会的手段。自由主义者反对实施社会保险制度是因为社会保险扩大了财政支出，认为上述法案将会毁掉德国传统的家庭关系，弱化个人责任，使人丧失储蓄欲望。但是俾斯麦执拗地说服议会，最终促使议会在简单修改原法案的基础上通过了各种法案，形成了世界上第一部系列社会保险法案，这些法案包括1883年通过的《健康保险法》，1884年通过的《灾害保险法》（现在的《产业赔偿保险法》）以及1889年通过的《老年及残疾人保险法》（朴炳铉，2005：205—206）。

俾斯麦的国家干预式社会立法是受了讲坛社会主义理论的影响。以施穆勒（Schmüller）为代表的讲坛社会主义者首先批判了曼彻斯特学派的自由放任观点，认为："经济上的自由放任助长了利己主义，在扩大生产、增加物质财富方面虽然有其成功的一面，但是其结果是在极端的个人主义社会中使人性受到蔑视，贫富差距日益扩大。工人的生活虽然比以前有所好转，但并不因此带来安定的生活，两个阶级之间不仅形成经济上的对立，而且在习惯、教养、世界观方面也形成了新的对立。"讲坛社会主义超越亚当·斯密，追求新的理论学说，其中对国家的作用赋予了新的内涵。讲坛社会主义学者的理论应对曼彻斯特学派的观点，把国家对社会经济的干预予以合理化（姜哲九，1993：46）。①

不过即使有这样的理论基础和政府的努力，俾斯麦也未能实现国家和社会联合的目的。其理由如下：第一，在立法过程中，随着强化地方分权和劳资自主管理，对保险的组织和运营方面国家干预的范围比原来的法案小得多。第二，俾斯麦预想通过单一型平均支付的保险体制，实现国家和社会的连带性目标，但是劳动者代表认为平均支付的保险体制是把熟练工人和非熟练工人同等对待，因而遭到了劳动者的反对。其结果是非熟练劳动者表示强烈不满，很多非熟练劳动者逐渐转入到社会主义阵营中。因此，德国的社会保险逐渐转化为根据劳动收入而给付有别的形式，这样的组合主义保险体制有悖于俾斯麦通过社会保险实现国家和社会联合的最初意图。第三，作为社会保险对象的劳动者对社会保险也没有表现出应有的热情。当时的劳动者并没有认识到社会保险能够预防贫困，也没有意识到社会保险是基于市民权利而享受的福利待遇。比起社会保险，他们更加关注通过国家的保护和支援，改善劳动条件和劳资关系，并期望提高自身的政治地位（刘光浩，2001：140）。

俾斯麦的社会政策是基于维护社会道德、社会安定、社会建设等社会秩序的目的而实施的，俾斯麦的社会政策有别于瑞典的平等主义福利国家的福利君主制，这是俾斯麦的社会立法表现为"把阶级间的冲突予以制度化"的原因。因此德国的社会保障制度与瑞典的"人民之家"的普遍的平等主义不同，具有权威主义

---

① 讲坛主义者的意识促使1972年社会政策学的成立。

和组合主义的特征（Esping-andersen，1996：67）。

由此可以看出，德国社会保障制度是为了缓和或解决由阶层间矛盾冲突而引发的社会问题，具有资本主义国家的社会改良性质，是典型的从上而下的社会政策。若与英国或美国比较，德国的社会立法具有强烈的权威主义特点。俾斯麦的社会政策的实施更多地依赖从普鲁士时代传承下来的阶层主义的、父权制的、警察国家的传统。

2. 包含劳动者阶层的社会政策

在德国，社会政策的目的是保护工薪阶层，改善其生活，但是其根本目的则是把劳动者阶层引入到既有的社会经济秩序之中，因而德国的社会政策的主要对象并不是手工业者、农民或者下层官僚集团。这些被排挤在社会政策对象之外的阶层在已有的社会秩序中已经拥有其地位，不像新登场的工人阶级那样具有强烈的革命热情，因而并未引起社会的关注。但是工人阶级则不同，他们蕴藏着随时可以爆炸的隐患，俾斯麦认识到工人阶级的威力也是自然之事，而且当时吸引工人阶级的社会主义力量的出现促使俾斯麦对内部斗争投入更多的精力和能量。俾斯麦认为，为了实现这样目的，除了需要单纯消解劳动者不满的措施之外，还需要其他的一些手段，解决劳动者的不满，维持劳动者对国家的中立态度，但是俾斯麦需要的不是维持中立态度的劳动者，而是作为忠诚和服从的同盟者的劳动者。为了实现这样的目的，可以试试工厂法、劳动立法、社会保险法等，其中对俾斯麦有巨大吸引力的还是社会保险制度。因而19世纪末期，德国实施社会保险的目的就是为了把随时引发社会不稳定局面的劳动者归列到已有的社会政治秩序之中,以求得社会的稳定。

(三)德国天主教与社会保障制度

在德国的社会福利体制中,基于天主教伦理的"补缺性原则"(principle of subsidiarity)得到广泛应用。补缺性原则意味着把家庭视为救济的第一提供者(若家庭提供救济,政府就不予干预),这里也包括中央政府和地方政府间的互补关系。天主教社会伦理对德国社会福利的补缺性原则产生了深刻影响,①因而德国的福利体制是丈夫成为扶养家庭的主要责任人的父权制形态,反映了维持传统家庭形态的阶层主义天主教会的影响。

补缺性原则反映了社会福利服务和社会救济的提供形态。在给付方面,责任内容从低级向高级逐渐上升。以天主教社会伦理作为基础的补缺原则,要求福利责任首先由个人或家庭承担,如果个人或家庭不能承担救济责任时,由社区、民间团体或者志愿者组织提供。因为有了补缺性原则,像教会这样的大规模志愿者团体作为福利救济的提供者,在社会福利体系中占据重要的地位。志愿者团体能够接受政府补助,也能收到教会财政或保险财政提供的补助。如果民间团体提供的救济不充分,个人和家庭可以向州政府提出救济申请,而中央政府是提供救济的最后单位。与州政府提供补充性补助的英国不同,在德国,只有当最低一级的社会组织提供的救济资源出现枯竭时才能申请政府救济,当然向州政府提出救济申请是公民的一项权利(Jarre,1991)。

---

① 在德国信奉基督教的人达到34%,比英国、美国、瑞典还要多。

天主教承认阶层主义，强调阶层间的和谐关系。德国以男性家长为中心的父权制文化也深受强调阶层的天主教思想的影响。因而德国的福利组织忠实于以天主教社会伦理为基础的补缺性原则，反映了家庭是社会福利服务的第一提供者的信念。德国天主教传统，对后边阐述的组合主义福利模式的形成和发展产生了巨大影响。接受组合主义意味着接受阶层间、地区间的差异，即容忍集团间的差异。组合主义是天主教教会的信条，这样的内容在教皇对社会问题做出回应的《新事态》（*Rerum Novarum*，1891）和《四十周年》（*Quadorgesimo Anno*，1931）中做了详细的介绍（Esping Andersen，1996：61）。

（四）德国阶层主义文化与组合主义社会保障

犹如冯·劳厄（Von Laue，1944：xxv）指出的"德国的自由主义是在个人主义中崩溃的"，因而在德国个人主义没有得到发展。虽然德国自由主义者也强调个人自由和自助精神，但在这种强调中隐含着崇尚集团的组合主义倾向（Rimlinger, 1971：91），这种组合主义特征始终贯穿于德国社会保险制度建立和发展的整个过程之中。

德国的福利体制是以与雇佣相联系的社会保险制度作为核心内容的，这意味着德国维系着埃斯平·安德森所说的保守主义福利体制特征的"职位差异"（status differential）。这样的福利体制是由多种利益集团干预政策决定、行政过程及福利服务传达等所有过程的一种组合主义，这种组合主义是以利益集团的联盟形成、渐进变化以及社会安定为目的的。

德国最初的组合主义形态的社会保障在1854年的《互助会法》中得到体现。这部法律在地方条例中或在紧急状况时，可以通过上级行政机关的命令让劳动者或者工匠义务加入当地工会组织，并让雇佣者承担被保险者50%的保险费。《互助会法》引入了在欧洲社会立法中没有先例的雇主缴费义务制，使被保险者根据缴纳的保险费享受待遇，使其能够自愿加入这一组织，从而减轻了救济负担。这一制度便成为1883年医疗保险法的雏形。但当时这部法律的适用范围限制在互助会会员中，当时的会员达到427 190人，而家务劳动者、临时工以及从事农业生产者被排除在外，老年人及残疾人的救济制度也未形成。一般来说，组合是以职业为中心，特别是在大城市只允许手工业匠人参与。手工业匠人与工厂劳动者享受着不同的待遇，劳动者享受的待遇很低，是处于高危状态的人群（郑光锡，1992：47）。同时在1881年，为了实施社会保险制度，皇帝向议会发送的敕书中也包含以组合主义协会为中心而建立社会保险的内容。

德国福利体制的核心是社会保险。社会保险是雇佣者和被雇佣者共同缴纳保险费的制度，保险费依据收入而有所差异。因疾病、失业、工伤、年老而享受社会保险给付待遇时，给付水平也根据缴纳的保险费而有所差异。因而德国的社会保险是根据收入水平而使参保人彻底分层化的制度，这是德国社会保险的等价原则。德国社会保险除了公务员和自营业者以外的所有劳动者——每周工作18小时以上的劳动者——都是参与对象，采用强制参加的原则。让所有的男性劳动者强制参与社会保险的原因，既有市场失败的补偿目的，也有通过收入体制，维持现有地位的目的。

这也意味着德国社会保险制度不是以收入再分配为目的的。

这种组合主义传统在20世纪以后持续存在。以自由和合作为口号的基督教民主党派回避社会保险一元化管理体制，即使在1957年年金改革以后，联邦德国的年金保险管理机构达到数百个，依然维系着劳动年金组合、职员组合、矿山劳动者年金、农业从业者年金等各自分离的组合主义。

那么组合主义意味着什么？组合主义与阶层主义一样强调集团归属意识。在阶层主义文化所支配的社会，社会约束多而强，集团归属感高，集团和社会对个人提出相关义务和要求，个人也要求集团或社会给予报偿，而且可以期待更高的回报。同样，组合主义以参加这个组织的劳动者缴纳保险费为条件，对其提供福利给付。组合主义意味着接受阶层和地区的差异。德国在1948年经过基督教民主同盟和社民党的同意通过了《社会保险调整法》，但这个法的原则依然维持以往的组合主义社会保险性质，维系各阶层的给付差异。

德国在第二次世界大战失败以后，曾试图进行把国民整合为一个组合的普遍主义的改革。这种努力意味着德国试图从阶层主义文化中摆脱出来，走上修改社会福利制度的发展道路。但是伴随经济增长而形成的中产阶层提出年金制度改革议题以后，阿登纳（Adenauer）政权在1957年年金改革中仍然固守维护职业差异的组合主义。此后在1972年勃兰特（Brandt）执政时期，年金制度改革也依然维系着这种组合主义传统。组合主义传统决定了德国的年金制度的改革趋势，而在这种趋势中，阶层主义文化遗产起了重大的作用。

有学者认为德国把社会保险范围扩大到所有劳动者阶层，其结果德国的收入保障项目给付水平比较高，能够起到缓解劳动力丧失的作用（Esping-Andersen，1990；Clasen and Freeman，1994）。借用埃斯平·安德森的去商品化概念，在德国，老人、疾病患者、失业者虽然不受作为商品而提供劳动力的强制要求，但是由于受与职位相关的社会保险属性的影响，其保险待遇依然有很大差异。一般来说，白领工人的保险给付大约是其收入的60%，而蓝领工人不超过其收入的40%（Clasen，1994）。

产生这样的差距是因为缴纳不同额度的保险费，同时富裕地区的地方政府和不富裕地区的地方政府地理位置的差异也是产生这种差距的原因。一般来说，德国的福利体制并不具有强烈的收入再分配功能。社会救济是与社会保险完全不同的体制，德国的福利体制在收入维持方面具有双重结构。各州市等地方政府承担费用的社会救济对象是未参加社会保险或者即使加入保险，但缴费额度不充分而获得的保险给付水平相对低的劳动者。在社会救济中也适用补缺性原则，个人和家庭未得到最低水平的保障时就能成为救济对象，从给付水平来看，与英国相比，相对丰厚。

（五）小结

德国一直维系着通过家庭、职业、身份等自然纽带关系而维持的具有凝聚力的阶层式、父权制社会秩序的传统。在德国，国家废除了农奴制，清算了行会制，当时农民和手工业者是受上级部门支配的被动的臣民。随着工业化的发展，激进的社会主义的影响渗透到臣民之中，而当时的宰相俾斯麦实施了社会保险制度。俾斯麦的社会政策的最大目的是牵制社会主义势力,保证社会安定,维系军国主义旧秩序,因而俾斯麦的目的不是建立福利国家,而是建设福利君主制。由此看来,德国虽然是世界上最早实施社会保险制度的国家,但德国天生是保守主义的国家。

德国的社会福利体系依赖传统的补缺性原则。补缺性原则是男性扶养家庭,女性照顾家人的父权制家庭主义模式,因而德国的社会福利特征是社会福利待遇不是来自市民权利,而是来自于雇佣经历,而这种经历与组合主义有着密切的关系。从这一点看,德国的社会福利是依据阶层而得以分化,社会福利制度的收入再分配功能相对弱化,福利待遇根据雇佣经历而有差别。这种福利取向是传统的阶层主义文化起作用的结果。

三、日本阶层主义与社会福利的发展

(一)日本的阶层主义文化

日本学者中根千枝认为日本文化是受纵向社会人际关系支配的文化。[①]她认为,与个人主义或者契约精神根深蒂固的欧洲和美国不同,日本社会强调阶层、排辈、对上服从。在日本的日常生活语言中也渗透着阶层主义文化的特色,即使最初见面,互相交换名片也是为了确认辈分。中根千枝为社会之人设定了"资格"和"场"两个要素。"资格"是明确性别、身份、国籍等个

---

① 中根千枝的著作是《纵向社会的人际关系》,1970年美国伯克利大学以《日本社会》(*Japanese Society*)为名,出版了该书的英译本。

人地位的要素，而"场"是放置其资格的社会场域。西欧社会强调"资格"，而日本则重视"场"。如果从其结构而言，"场"是框架，从平面角度看，则是轮廓。区分"内"与"外"、强化集团界限是日本社会人际关系的基础。决定上下关系的不是基于个人的"资格"，而是基于内与外或者一定的"场"而决定的。如个人调动工作，来到新单位，无论其资格如何，都是新人，即进入新"场"，处于下级职位。在日本加入集团的时间顺序成为确定资格序列的指标。如果加入时间相同，则年龄、毕业年度、毕业学校的社会名声可以成为排序的指标。①

在老板与下属的关系中，日本的阶层主义文化特征充分地体现出来。在大学，教授和学生之间的关系，大学正教授和助教授之间的关系；②在公司，经理与职员的关系都是基于亲分和子分的关系来确定的，即使是年长者，若其职位低下，他必须服从上级职位之人，而上级则保护下级职位之人。

体现集团主义价值的社会，集团决定优于个人决策，个人作为集团中的一员融合在集团之中。在集团内部的人际关系上，一旦与他人形成关系，个人就要全身心投入于这种人际关系之中，讲究心与心相融合的人情关系。日本人不喜欢美国式的表面上的交情，也不喜欢人际关系停留在某一层面。在集团主义社会，因为个人从属于集团，个人愿意介入他人的生活，在情感上依赖他

---

① 传统上，在日本新职员入社仪式上，其座位是根据职员毕业的大学名气安排的，按照东京大学、京都大学、庆应大学、早稻田大学等顺序排位。

② 在日本各大学一般以正教授为核心，其下边有副教授、助教授，并完成各自承担的研究任务。

人被视为正常之事，而捐赠或志愿活动的参与率则较为低下。

　　根据道格拉斯的文化理论，阶层主义是集团性很强的文化。日本是集团主义价值主导的社会，如日本人常常说"我是A公司的人"，但很少说"我在营业部上班"；在说明是否拥有博士学位时，不是声明自己是否拥有博士学位，而是更加强调在哪所学校取得博士学位，因而在日本具有强调集团或组织的倾向。本尼迪克特（Ruth Benedict）在其著名的《菊与剑》（*The Chrysanthemum and the Sword*）①一书中指出，日本是集团主义文化支配的社会。像日本以集团主义价值为主导的国家，人们通过个人所属的集团内部成员间的交流可以充分满足个人需求，而没有切身感受到接受陌生人或志愿者帮助的必要性。尽管为了名誉而实施利他行为，但这种行为本身也与个人主义不同。在集团主义支配的国家中，很难形成超越个人所属的集团范围而为他人花费时间提供物质性帮助的氛围。在这样的社会，个人的生活依赖于自己所属的集团，集团内部成员提供互相帮助，个人很难对集团外的人主动提供帮助，也很少期待得到这样的帮助。当然在这样的社会，利他性行为相对少的原因并不是因为物质缺乏，而是因为不愿意与集团外的人开展互助活动，也没有感觉到与他人进行情感交流的必要性，这是集团主义价值取向使然。在这样的社会，集团成员之间关系紧密，容易形成互助关系，但对集团外的人所提供的帮助则相对吝啬（李玄松，2006：416）。

---

① 本尼迪克特的著作于1948年用日文翻译出版。1988年出版第78版，发行量突破100万册。

（二）日本阶层主义与社会保障制度的发展

1.社会福利制度形成期（1945年以前）：父权制传统

明治维新（1886）以后，在政府主导下不断推进近代化的日本是通过西方技术和日本精神的融合，实现了富国强兵并超越西方民族主义式的防御性近代化。明治维新的主导者为了把自上而下的所谓维新革命以及自己的垄断权力合理化，造就了日本特有的"家庭国家"的理念。这种理念强调封建传统的阶层主义上下等级关系，强化保护和服从的日本精神，整个日本社会构成一个统一的家庭，其中天皇是百姓之父，百姓是天皇之子，最上位是天皇父亲，往下是各个家庭，进而形成巨大的统一的家庭单位。因此作为家庭伦理的"孝"成为对天皇、国家和上级忠诚的基本理念，政治上的"忠"的概念以"孝"的形式得到强化。家庭国家观是日本精神的核心，是日本精神的优越性，而恰恰是靠这种优越性，使日本成为富国强兵之国，也能够超越西方国家（李惠炅，1985）。

社会保险意识传入到日本是在19世纪末。当时留学德国归国的内务省官员俊藤新平宣传德国的社会保险思想，并在1895年成立了模仿德国社会保险协会的社会政策协会，1897年日本最初的社会保险法案被提交到议会（李惠炅，1993：64—65）。

早期的社会保险议题是有关疾病保险，这并不是为了应对当时日本工业化带来的社会问题，而是为了应对未来日本工业化带来的劳动者问题而作为预防性劳动政策予以介绍的。作为日本最初社会保险的健康保险（1922）是在第一次世界大战以后，在经济不景气的情况下，当权威主义阶层主义统治体制受到威胁时，为了控制劳动者而提供保护的措施。与德国的情况相似，日本最初的社会保险制度不是对劳动者赋予新的权利，而是维持父权制传统下的国家和劳动者之间的不平等关系，也就是说，国家实施社会保险制度是为了稳定劳动者，维持阶层主义控制体系。

在20世纪20年代经济衰退期，日本实施了替代失业保险的退休金制度。工会虽然要求继续实施失业保险制度，但国家和雇主担心保险制度会加强劳动者权利，强化连带意识，因而政府不断扩充退休金制度而回避失业保险。在这个时期，日本先后出台了《健康保险法》（1922）、《邮政年金法》（1926）、《救济法》（1929）、《劳动者灾害补助责任法》（1931）、《国民健康保险法》（1938）、《职员健康保险法》（1939）、《船员保险法》（1939）、《劳动者年金保险法》（1944）等一系列政策法规，这些构成了社会保障制度的基本框架，而这些政策为实现战争目标而逐渐被采纳和实施。①

李惠炅（1993：60—65）比较了这一时期日本和美国的社会福利制度发展的特点，指出如果比较个人主义文化支配的美国和阶层主义文化根深蒂固的日本的社会福利制度形成期，那么美国社会福利是通过由反对政府干预的自由主义主导并交付给市场"看不见的手"而形成的，而日本则是官僚阶层的"看不见的

---

① 这个时期也有反对社会保险法的阵营。反对者主张依法保护的劳动者会把保护理解为义务化，弱化劳动者对企业家的忠诚心，消解日本固有的家庭主义传统，从富国强兵方面，因为社会保险提高了生产价格，起到了不利于国际竞争的作用（李惠炅，1993：64—65）。

手"对社会福利制度的形成起了绝对性的作用。

2. 战后的社会福利：低水平的国家福利和高水平的企业福利

（1）战后的经济状况和工人运动

1945年8月15日日本战败以后，日本政府尤其是厚生省面临着粮食短缺、失业率高、军人复员等全国性的社会问题。当时的日本45%的耕地流失，1945年因粮食歉收引发了严重的社会问题，而且战后随着军需产业向民用产业的转化，工业资本和设备能力下降了44%，国外资本也逐渐减少，日本的经济活动实际上停留在战前水平（李海元，1997：320）。

因战后日本经济的崩溃，战前和战后初期实施的社会保障制度也面临着解体的危险。药品和医疗器材的严重不足，导致了医疗费用的急剧增长，国民健康保险难以维系，而且严重的通货膨胀使保险费用的筹集和积累也受到了严重影响，战前实施的厚生年金制度也受到了很大的冲击。在这种情况下，日本通过占领军司令部的介入制定了《生活保护法》，用救济残疾人的公共救助制度替代了军人抚恤制度，开办了美国式福利事务所。1947年出台了《失业保险法》和《产业灾害保险法》，1951年制定了《社会福利服务法》，为实施各种福利服务提供了依据（李惠珺，1993：74）。

在西欧福利国家的发展中，伴随着工会组织的兴盛，而日本的工会组织却与欧洲国家的工会不同。在日本，劳资关系具有终身受雇、工龄工资、企业工会等特征，这意味着工资不是取决于职务，而是取决于工龄和连续工作的年限。工资增长也只是以在本单位参加工作的年限为基准，如工作移动调转到其他单位时，工资也不能连续增长。在同一单位连续工作的习惯，在劳资间形成了非冲突的、相互合作的共同体文化。而在经济高速发展时期，企业高效益又回报给工人，对工人的生产积极性产生了巨大影响。企业不仅支付工人工资，而且还承担了对工人的职业培训、厚生福利、退休后的收入保障等责任，企业成为劳动者全部生活福利的提供者（朴京淑，2001：283—284）。

从战争结束到20世纪40年代后期，日本的工人运动以企业工会组织为单位展开了强有力的攻势。当时的工会组织是以企业为单位而组成的，个别企业的工会仅维护本企业员工的经济利益。当时几乎没有国家提供的社会保障待遇，而且工资水平也很低，工人为了维持基本的生存，就寄希望于企业福利。当时的工会比雇主更强势，而且更富有战斗力，被联合军最高司令部解除武装力量的日本政府也难以对抗工人运动，因而雇主只能接受工人扩大福利的要求。二战以后，日本工会组织把争取退休金作为主要目标，其结果是1947年以后21 000所企业的90%以上实施了退休年金制度（曹永薰，2006：74）。

但是从20世纪40年代末开始，因以经营为主的行业工会的确立，企业工会的强势和战斗力不断弱化，继而1948年出台了几部控制工人运动的法律，公共部门劳动者的罢工权也被剥夺，自此只有企业正式职工才能入会。在企业工会中，企业的繁荣和劳动者个人利益高度一致，劳动者具有同企业共命运的共同体意识。若劳动者在一个企业长期被雇佣（终身雇佣），其工资、福利和地位都能得到改善，因而职工往往把企业发展和自身利益统一起来，雇主和被雇佣者在共同发展企业方面能够达成共识。日本的劳资关系是通过这样的方式发展起来的。与企业共命运的企业工会希望尽可能在企业内部解决劳资问题，忌讳外界的介入。在这种情况下，以企业工会为基础的温和派工人运动团结工人阶级，走社会民主主义路线的可能性是微乎其微的（尹文久，2002：100）。

与此相比，20世纪50年代，资本家阶层以经济合作联盟和日本经济联盟为中心，推崇经济自由主义，而且在1955年与保守势力合作，成立了自由民主党（自民党）。经历了这样的过程，具有战斗力的企业工会和行业工会力量开始弱化，形成了新的劳资关系，即企业就是命运共同体的意识，同时也形成了职工从属于企业的家庭主义式的企业福利。①雇主不断扩大企业福利，培育亲和经营的企业工会。在这个过程中不断发展了企业福利，而国家福利只起到补缺性的作用。

日本从战败到宣布1973年为福利元年间，经历了经济高速发展时期。从1952年到1973年间，GDP平均增长率达到11%，在世界贸易市场上，日本经济所占比率从2%上升到8%，日本从经济小国一跃而成为经济大国。与此同时，傅高义（Vogel，1979）出版了分析日本经济的《日本第一》（Japan as Number one）等著作，自此研究日本经济的活动也广泛开展起来。

（2）企业福利的扩散

从1960年开始，日本经济的高速增长导致了劳动力的严重短

---

① 文中的企业福利广义上是指企业对职员提供的所有福利，主要是法定福利（如像社会保障制度一样，依法提供的福利）和法定以外的福利（雇主任意提供的福利或者根据劳资协商而提供的福利），此外还有实物福利和退职金。此处的企业福利是狭义意义上提供的实物福利和退职金以及法定外福利。

缺，经济的增长不仅带动了劳动力工资的上升，而且作为一种企业福利，退休金制度和企业年金制度也得到恢复和发展。1962年对企业年金赋予税收优惠政策以后，企业年金制度也急剧发展起来。随着享受税收优惠的企业年金制度的发展，在养老收入保障方面，雇主强烈要求调整具有相似功能的厚生年金制度，于是在1965年修改了《厚生年金法》，规定"对老龄年金中的保守比例部分用企业年金替代"的条款，建立了调整企业年金和厚生年金的厚生年金基金制度。厚生年金基金的设立反映了在日本社会保障制度运营过程中已经形成了国家主导的社会保险和民间的企业福利之间的有机联系。

那么厚生年金基金的设立意味着什么呢？这意味着国家仍然保留阶层间差异，并通过适当的规制保障劳动者的基本生活，而企业通过有效的劳务管理提高生产效率，即在经济高速发展时期，日本社会保障制度并非起到收入再分配的作用，而是起到维持既有的阶层差异的同时提高生产效率的作用。

1961年，日本实现了全民保险化和全民年金化的目标。日本在被雇佣者为中心的德国式社会保险原理中加入了贝弗里奇式的普遍主义社会保险原则，把职业保险和地区保险并立起来，把全民纳入社会保险范围之中。但是按职业分立的体制，即组合主义原则仍然被保留，因为这一原则，使制度间的差距以社会阶层的差异反映到社会保障制度之中，尤其是在医疗保险中，按照产业类别、企业规模、企业类别享受不同的保险待遇；按照年龄类别，对老人、儿童、自营业者、扶养家庭者等非就业人口给付50%。以现有劳动者为主的医疗保障制度刚一实施，首先提出异议的群体是那些医疗需求大但支付能力低下的老年人群（李惠炅，1993：76）。这种现象导致了在福利元年广泛反映老人福利需求的结果。

总体来说，战后日本虽然经济有了高度发展，但社会福利却没有随着经济的增长而不断发展起来，经济增长与福利发展并不对称。从1967年到1969年，公共社会福利支出在GDP中所占的比例年平均只有19.2%，这一比例相对较低，即使在瑞士和澳大利亚也约占30%左右。1980年虽然增长到30%左右，但与斯堪的纳维亚半岛国家超过50%以上，法国、德国、英国和意大利的42%—45%的比例相比仍然相对低一些。日本的福利支出甚至比福利后进国的美国和澳大利亚的35%还要低一些，日本政府的社会福利支出的70%用于保健、退休保险、家庭补贴、公共住宅、失业救济等项目（Pempel, 1989：149）。

但是即使这样，在日本社会不平等现象并不突出，20世纪70年代，整个日本社会不同阶层的收入差距相对较小的事实，可以通过以下几个实例得以确认。索耶（Sawyer, 1976）曾计算过10个国家的基尼系数，在税前收入方面，日本的基尼系数是倒数第二低（相对平等），税后收入方面（在总收入中扣除直接税），日本的基尼系数也是相对较低，排在倒数第四位。表4-1所示，从1960年到1977年间，在税后收入的排行中，从属于下位20%人群的总收入比例来看，日本占5.2%，比美国，甚至瑞典、挪威、德国、英国还要低。税后收入上位集团和下位集团的收入差距并不明显，这意味着日本社会是相对平等的社会。

不仅如此，如表4-1所示，从基尼系数中也可以看出日本社会的平等性。从20世纪60年代末到70年代初,在扣除直接税以后的收入分配中,日本的基尼系数是0.316,这个数值比起瑞典和挪威略高一些,与英国相似,但比美国、德国、法国要低一些。同时,80年代初期日本90%的人认为自己属于中产阶级(Murakami,1982)。

表4-1 发达国家收入不平等(1970年代)

国家	上位20%/下位20%		基尼系数(1970年代初)		社会保障支出/GDP(1970)
	税前	税后	税前	税后	
日本	5.6	5.2	0.335	0.316	5.6
瑞典	6.8	5.6	0.346	0.302	18.6
挪威	8.3	5.9	0.354	0.307	15.5
德国	7.9	7.1	0.396	0.383	17.1
法国	–	–	0.416	0.414	15.1
荷兰	7.8	6.6	0.385	0.354	18.9
美国	11.8	9.5	0.404	0.381	9.3
英国	7.5	6.1	0.344	0.318	13.7
澳大利亚	–	–	0.313	0.312	8.0

资料来源:ILO, *The Cast of Social Security*, Geneva: ILO, 1988; M. C. Sawyer, *Income Distribution in OECD Countries*, Paris: OECD, 1976, pp. 14-16; L. C. Thurow, "Equality, Efficiency, Social Justice and Redistribution", OECD(ed.), *The Welfare State in Crisis*, Paris: OECD, 1981, p.138; 曹永薰:《日本福利国家的昨天和今天》,首尔:韩国出版社,2006,第334页。

这种现象不符合福利国家的理论。那么在公共福利不发达的日本,在收入分配上是如何实现平等的呢?实际上这是由于日本社会福利制度与欧洲社会福利制度相比有其自身特点所致。

如前所述，比起西欧国家，日本政府的社会福利支出并不多，那么日本的收入平等如何实现的呢？社会保障费用支出多的国家把市场收入中的不平等通过强制的税收和社会保障制度来进行调节，而社会保障支出比欧洲福利国家低的日本则不是通过税收和社会保障制度来调节收入再分配的，而是更多地依靠市场收入平等的方法来实现的（曹永薰，2006：335）。

那么，日本是用什么方法通过市场收入来实现收入平等的呢？日本政府通过非社会保障制度的市场来实现收入平等是基于以终身雇佣为基础的企业福利。以大企业为中心的终身雇佣文化是阶层主义文化的一个层面。上下等级分明的阶层主义文化所形成的集团连带性（group solidarity），在欧洲可以带来工会的强势和战斗力，但在日本却使工人运动萎缩起来（Park，1990：202）。① 中根千枝指出："日本社会所特有的组织或集团的纵向阶层化会使个人为集团利益而牺牲个人利益。"事实上终身雇佣惯例是雇主和被雇佣之间相互妥协的结果。雇主要求员工奉献与牺牲，并以企业福利的名义增进其收入，日本因终身雇佣而获得的企业福利可以替代福利国家的功能，进而可以缓解社会不平等。

20世纪70年代和80年代中期，日本的企业福利费用与法定福利费用的比例超过92%，而同期意大利为12%，瑞典为15.5%，德国为17.5%，而法国为40.1%。日本的企业福利非常发达，雇主负担很重，从这一点来看，比起西欧国家，日本的企业福利水

---

① 第二次世界大战以后，日本的工人运动很有名，以至于曾被称之为"春斗"。据科尔皮和沙立夫（Korpi and Shalev，1980）调查，在1946年到1976年间，日本的罢工率在18个国家中排位第六，罢工频率很高，但是进入20世纪80年代，日本的罢工率大大降低，在发达的工业化国家中最低。

平相对发达。日本社会福利发展的特点就是，比起国家主导的社会保障制度，民间提供的企业福利相对发达，而日本企业福利的丰厚性是与构成企业福利要素的多样性有关。一般情况下，西欧国家的企业福利往往是以民间医疗保险或商业年金等简单形式构成，但在日本，企业福利包括住宅、医疗、融资、教育补助、伙食费、交通费、娱乐活动、各种红白喜事补助等内容，而且在日本，所有企业员工都能平等地享受这种福利待遇，这一点也有别于西方社会根据职位享受不同待遇的社会福利制度（曹永薰，2006：52）。

在日本，虽然政府主导的国家福利水平相对低，但由于企业高福利的作用，因而日本的福利水平还是很高的。日本是一个能够很好地处理政府、企业及其他财政机关间的协作关系的组合主义国家。在日本，企业和政府之间不是敌对关系，而是相互依存关系。

企业福利有以下三种功能：第一，企业福利能够确保劳动生产率很高的劳动力，排除生产效益低下的劳动力。第二，企业福利具有保护劳动者生活保障的功能，特别是企业福利靠税收优惠政策得到保护，为资本的形成提供重要的资源。第三，企业福利作为劳务管理手段，多为经营者所利用（尹文久，2001：102）。

（3）组合主义传统

日本的社会保险制度是以生产性劳动者、职员、特殊领域职工为对象，是分门别类、独立运营的体系，体现社会保险的劳务管理性质及差额补偿和市场竞争的原理，也就是说日本的社会保障制度能直接反映劳动市场"阶层"的分工和多元化的行政体系，即组合主义体系。

那么，日本和德国为什么都固守组合主义原则呢？其理由是组合主义并不是对所有社会成员平等地保障最低生活权利，而是让劳动者顺应既有体制的手段。组合自律主义也许在社会整合和组织的合理化方面存在弱点，但是对于参与者增强集团的归属感、提高集团忠诚度、加强劳务管理等方面可能是有效的。最初俾斯麦的意图是建立一元化的国家行政体制，但是其失败的原因是因为当时已经发展起来的父权制的保护劳动者制度。模仿具有相似文化特征的德国制度的日本，其企业互助会性质不同于英美的友好工会，具有家长般性格的企业家积极参与互助会，具有浓厚的温情主义特点。德国和日本实施的社会保险制度实际上是把保护劳动者的中心从父权制企业转移到父权制国家而已（李惠炅，1986：736）。

由此，日本的社会保险制度基本上反映了劳动力市场中的阶层关系，若与美国相比，美国的社会保障制度具有补充市场失败的收入再分配的功能，而日本的社会保险制度与其说是收入再分配的制度设计，倒不如说是在维持既已形成的阶层地位，是具有劳务管理性质的制度装置。

3. 宣告包含社会控制目的的1973年福利元年

日本宣布1973年为福利元年，即以1973年为起点，逐渐扩大社会福利。扩大福利的内容有对70岁以上的老年人提供免费医疗服务，提高公共年金和医疗保险的给付水平。具体来说，在国民医疗费中，老人医疗费用支出比例方面，从20世纪70年代初的15%上升到70年代中期的30%。从1973年10月开始，在工会管理的健康保险（主要是为中型企业员工提供的公共医疗保险）中，对家属的给付率（健康保险参与者家属的医疗费由保险机关承担的比例）从50%上升到70%，原来政府只承担运营费的健康保险（主要是为小型企业员工提供的公共医疗保险）政府追加支付给付额的10%。不仅如此，以私营企业劳动者为对象的厚生年金收入替代率（年金给付额与参保者平均工资的比例）从40%提高到60%（曹永薰，2006：172）。

1974年社会保障给付额与前一年度相比增加了44.2%，这是继1954年49.0%以后的历史上第二高的比例。日本采用以社会保险为中心的社会保障制度，因福利元年的进步性社会福利政策，在社会保障支出中，政府承担的比例在整个70年代始终持续增加，一般市民负担的社会保险费用却逐年减少（参见表4-2）。

表4-2 20世纪70年代日本的社会保障收入结构（单位：日元，%）

年度	收入总额	政府补助金	社会保险费	其他
1970	527 818	30.3	60.3	9.7
1973	960 110	33.6	56.4	10.0
1975	1 628 511	35.4	55.0	9.6
1977	2 279 080	35.7	54.5	9.8
1980	3 288 577	36.6	52.7	10.7

资料来源：社会保障统计年报各年度；曹永薰：《日本福利国家的昨天和今天》，首尔：韩尔出版社，2006，第175页。

那么，日本社会福利制度急剧变化的背后原因是什么呢？

有的学者把福利元年的背景归结为经济发展。20世纪70年代末期，日本经历了空前的经济繁荣时期，60年代GNP的年平均增长率为10.4%，创历史最高水平。日本通过经济的高速发展，迈进了发达国家的行列。1950年人均GDP是OECD国家平均水平的31.4%，不及德国、法国、瑞典、英国等欧洲福利国家的一半水平。但到了1973年，这个数值达到84.3%，开始追赶西方福利国家的水平。1973年日本人均GDP是6 622美元（1980年的价格），这个数值比1950年的美国低，但却是英国的1.6倍。中央政府和地方政府的财政状况明显好转，社会福利资源也非常充分。采用积累方式的公共年金，1972年年末，厚生年金保险额为66 736亿日元，国民年金为11 761亿日元。因而主张把日本政府宣布福利元年的原因归为经济因素的学者们认为，提高厚生年金给付率和参保者福利待遇的呼声使日本政府宣布福利元年成为可能。

但有的学者也认为福利元年的宣布是政府为了把国民生活水平提高至西欧社会水平而做的努力，也有学者认为日本福利元年的宣告是日本政府针对西方国家对日本社会保障制度的落后性评价所做出的回应。这些学者从政府发表的公文中寻找能够支撑自己观点的经验依据，如佐藤厚生省部长指出，日本促进福利改革是政府为了在日本建立与西欧社会保障制度相比美的福利体制。类似的陈述在福利元年以后发行的经济白皮书和厚生白皮书定期出版的刊物中得到了印证，而政府发表的这些白皮书应该是其为了宣传自己业绩而做出的（曹永薰，2006：168）。

当然对日本宣告福利元年的背景有必要从政治要因中寻找其原因。1955年，日本自由党和民主党联合起来成立了具有强烈保守主义倾向的自民党，即成立了所谓的"1955年体制"。此后进步势力的政治影响力逐渐减弱,经历了保守主义取向的十多年的政治稳定局面。但是从20世纪60年代到70年代初,具有进步主义思想的人士纷纷当选为市长或地方长官,使日本社会进入了"改革自治时代"。如1967年具有进步倾向的美浓部提出"福利优先"的口号并当选为东京市市长;1971年黑田也提出发展福利事业为己任并当选为大阪市市长。70年代初期,9个大城市中的6个、643个中小城市中的138个被具有进步色彩的地方政府所控制(Steriner,1980:329)。

表 4-3 众议院选举中自民党得票率和议会议席比率 (单位:%)

年度	得票率		议席比率	
	有权者	投票者	合计	大城市
1955	47.7	63.4	64.0	51.1
1960	42.9	59.0	64.2	51.5
1963	40.7	57.8	63.0	47.5
1967	38.0	52.0	58.6	39.0
1969	34.4	50.7	62.3	41.5
1972	35.3	49.7	57.8	33.9

资料来源:曹永薰:《日本福利国家的昨天和今天》,首尔:韩尔出版社,2006,第117页。

伴随地方政府的改革,从20世纪60年代后半期开始,自民党的支持率不断下降。如表4-3所示,自民党在有权者中的得票率1955年为47.4%,到1972年下降到35.2%,下降12%以上。全体投票者中的得票率下降幅度更大,1955年为63.4%,到1972年"1955年体制"创立以后第一次下降到50%以下。在大城市中的自民党支持率下降更加明显，如在大城市中，自民党议会席位比例1955年为51.1%，而到1972年下降到33.9%，下降17个百分点（曹永薰，2006：170）。不仅如此，1971年6月，在参议员选举中自民党失败，出现改革派和保守派势力势均力敌的局面。在这种情况下，田中角荣成为首相，继而田中内阁宣布了福利元年。

那么，在这样的政治背景下宣布福利元年意味着什么？这与1870年德国俾斯麦政府为了抑制社会主义势力而导入社会保险制度如出一辙，同样证明在阶层主义文化中能够把社会福利作为社会控制手段而加以利用。当时日本的田中内阁有必要控制对政府政策不满的改革势力引发的社会紧张局势；同时也有必要制定满足不断增长的市民福利需求的社会福利政策，这便成为宣布福利元年的原因。但是宣布福利元年以后因石油危机福利政策的制定便不了了之。

4. 强调家庭责任的日本型福利国家的形成

从田中首相宣布福利元年开始，世界经济因石油危机而陷入困境之中，1974年日本经济首次出现负增长，因而以大藏省官僚和右倾保守派为中心，形成了抑制福利增长的政治势力。其结果为70年代后期重新考虑福利扩充的观点成为政府的公开立场。因此在日本形成了与西方不同的、以日本文化为背景的"日本型福利国家"的概念。由此，在1973年2月石油波动以前，田中内阁提出的"充满活力的福利社会"，到1979年转变为"日本型福利社会"。

1978年在《厚生白皮书》中表明了把日本传统的家族形态视为重要的福利资产的观点，1979年由经济计划厅撰写的《实现综合社会政策——福利社会的伦理》一书中指出："像西方社会的个人主义在日本社会并没有形成和发展，相反集团的力量得到壮大。以后虽然个人的自立性、自发性会得到尊重，但这并不意味着会形成像欧美个人主义主导的社会。在日本社会有必要发挥家庭或社区共同体等中间集团的功能，探索个人主义和集团主义之间最为适合的组合模式。"（朴光俊，1992：272）

这意味着日本应对危机的方法与英国和美国不同，英美是以福利国家理念的失败为前提，以社会参与或国民运动形式应对福利国家的危机，但日本福利国家的危机是在技术战略开发能够解决危机的前提下，由政府主导、提高效率、事务合理化等方式，从战略上采取短期财政政策方式来应对危机。日本的社会福利制度改革是少数官僚和财界主导的"自上而下"的改革，反映了日本的阶层主义的文化特征。

"日本型福利国家"是以日本特定文化为背景的个人自助和家庭及亲戚相助为基础的福利国家。"日本型福利国家"产生的背景是依据三木首相的咨询报告，由部分学者制作的"生涯设计计划"（life cycle plane）的报告书。这个报告书的主要观点是未来日本福利国家将逐渐减少政府对福利领域的责任和作用，市民福利需求的满足更加依赖于个人自助和家庭、社区及企业间的相互合作。换句话说，日本社会集团主义文化占主导地位，因而应该发展以非中央政府主导的个人、家庭、企业、共同体成为福利主体的福利国家。

在这样的背景下，1979年大平内阁经济企划厅发布了"新经济社会第七个发展计划"，在这个文件中公开宣明"日本型福利社会"。20世纪80年代初，日本为了构建"日本型福利社会"建立了"临时行政调查会"（以下简称调查会）的行政改革机构。在调查会发表的首次报告书中指出，日本应该以精简行政机构、提高效率为目标，日本的福利国家应该以集团主义文化和经济效率及社会福利的分散化作为基础。调查会又指出日本应该减少中央政府的干预，走向非福利国家的、非政府主导的以个人和家庭为中心的福利社会。

（三）小结

如何看待日本的社会福利？世界第二经济大国的日本的社会福利水平处于何种程度？在日本的社会福利中政府的作用如何？

对上述问题做出确切的回答是有难度的，但是日本的福利水平确实是与其经济发展水平不相符合。在日本社会，除了1973年进步人士当选为地方官吏而宣布福利元年之外，可以说没有制定过迈向福利国家的社会政策，也就是说，日本是政府提供国民福利最少的国家之一。

近年来，日本制订社区福利计划，这使日本政府意识到在地方分权的情况下有必要实行以地方政府为依托的社区福利。但是从日本福利计划的内容来看，比起公共部门福利，更加强调民间福利。如何解释这种现象呢？在日本的社区福利计划中隐含着在社区福利计划的名义下弱化国家福利、把福利责任转嫁于民间的倾向。从这点来看，日本并不是真正憧憬福利的国家，而是当需要稳定社会局势时，从社会控制的层面上临时扩大社会福利。这种具有社会控制特点的社会福利政策是因为在日本社会存在着传统的阶层主义文化的缘故。

第五章
平等主义文化与社会福利

一、平等主义文化与社会福利

二、瑞典平等主义文化与社会福利

三、平等取向的社会福利制度

四、小结

第五章 平等主义文化与社会福利

一、平等主义文化与社会福利

在没有更多的社会约束但对集团有高度归属感的平等主义文化中，制度型社会保障制度有充分发展的可能性。在平等主义意识普及的社会，满足个人基本需求的责任不在于个人，而在于社会，即贫困、疾病、失业等问题产生的原因并非是因为个人性格上的缺陷，而是来自于社会自身的矛盾，解决问题的主体当然也不是个人，而是国家。这种国家或社会的责任意识使政府能够制定出解决社会问题的政策方案，确立以社会全体成员为对象的制度型社会保障制度。如果说在阶层主义文化中，社会保障制度的确立是基于政府对市民控制为目的的话，那么在平等主义文化中，社会保障制度是基于所有社会成员都属于共同体一员的集团意识而确立的。

二、瑞典平等主义文化与社会福利

19世纪70年代,当瑞典刚刚启动工业化时,还是一个经济上位于欧洲第16位的落后国家。虽然现在的瑞典被称为从摇篮到坟墓的福利国家,但是在20世纪30年代以前还是一个贫穷落后的国家。① 瑞典比邻北极,从第一年10月到第二年3月是漫长的冬季,夜长昼短,气候寒冷,平均气温在零下10度以下,地下资源也不太丰富。1850年到1920年,大约110万名瑞典人高呼"从饥饿中解放"的口号,不断向北美大陆移民,因而有人把当时的瑞典称为"被神抛弃的国家"。

但是,今日的瑞典是所有阶层都支持福利制度的世界样板式福利国家。瑞典对外保持中立立场,没有介入第二次世界大战,并从20世纪30年代以后逐渐发展成为经济高速发展和完全就业的福利国家。1932年执政的社会民主党,除了1976年、1982年、1991年、1994年以及2007年以外,长期执政,由此发展了没有福利反弹(welfare backlash)的福利国家。以下分析以平等主义为基础的瑞典社会福利制度。

(一)瑞典传统的社会价值

瑞典社会福利制度是社会民主主义者在实现平等分配的社会

---

① 获得1974年诺贝尔文学奖的哈里·马丁森(Harry Martinson,1940年出生)在他的自传体书《荨麻花开》(1955)中描写了自己在年幼时父母去世,成为孤儿,轮番交给几户农家收养,过着孤独抑郁的生活。这部小说反映了20世纪初瑞典社会的贫困现状。

主义过程中形成的,从这个意义上,瑞典福利国家的元年可以追溯到1932年社会民主党开始执政时期,但是社会民主主义在瑞典根深蒂固的原因是瑞典传统的社会价值起了重要作用。瑞典社会民主党的政策和哲学是中庸、妥协和平等的传统价值观的集中化和具体化,而瑞典社会固有的价值是在实践中的中庸、参与的公共精神、平等、个人的自律性以及劳动伦理中体现出来的。

在瑞典,劳动和社会生活是受组织和集团支配的。瑞典人在自由时间里参与组织和集团活动,在一般情况下,他们顺应现存体制,在制度和文化活动中强调妥协和合作。主要社会要素之间的妥协对瑞典社会的合理运行和发展起了重要的作用,同时也消除了社会发展的不利因素。在宗教和宗族方面,单一的民族结构也对发展平等的福利国家起了重要作用。以新教作为主流宗教的瑞典,在宗族和宗教方面没有矛盾冲突,因而能够建立"人民之家"(Folkhemmer,People's Home),使得追求平等的社会民主党能够制定和实施崇尚社会公平、减少不平等的社会政策(Goila,1993:178)。

(二)瑞典确立社会福利制度的政治背景

1. 早期工人运动的特点

从19世纪末开始,瑞典的工业化进程加快,从1880年到1920年间,从事矿产、制造业、建筑业的劳动者在劳动人口中所占的比例从14.8%增加到24.7%,1907年瑞典工业生产超过农业生产,这一速度在当时的欧洲是领先的。但是在瑞典的劳动人口中,工人所占的比例还处于中等水平,与当时的英国、比利时、瑞士的大约45%相比，瑞典的农业社会的特征还是十分明显的。因而形成大量的工人阶级是瑞典强有力的工人运动产生的背景。同长期发展工业化的英国不同，瑞典的急速的工业化造就了既有同质性又崇尚平等的工人运动。

纵看20世纪30年代以前引领瑞典福利国家的工人运动，从1879年到1880年，主要是以熟练工人为中心成立工会组织，但1880年以后，以非熟练工人为中心的工会活动也活跃起来。金属、机械行业的工会或制造业的工会具有横跨行业的职业联盟的性质，而且社民党在全国工会组织形成之前就已经成立，在政治上发挥了指导作用，因而工会组织首先加强了工人运动中的工人团结，对行业工会进行限制性地予以吸收。同时工人运动也开展了在农村社会急剧变化过程中产生的禁酒运动、自由教会运动、普通选举运动等国民运动，这是超越阶级的社会改革运动（林成根，2003：63—64）。社会改革运动通过长期的教育和文化活动，让国民自觉的寻求生活价值，同时促使社民党精神在工人运动中得以体现和发扬。瑞典集体主义（collectivism）的重要性在工会运动、消费者合作运动中得到充分的体现。

瑞典对各个领域进行的国家干预是"从下至上的动员"战略。以现金支付的伤病福利和失业保险，最初是以自发的、独立的保险基金形式由工会组织运营的，经过一定时间以后逐渐发展成为国家的补助形式。组织自发的保险基金的力量来自于基层，这与采取自上而下的改革模式的日本和德国是有区别的。

2. 社民党执政

瑞典的平等主义可以说是从社民党执政开始的。瑞典社民党是1889年在首都斯德哥尔摩由69个劳动组织共同组建的,而作为全国工会组织的"工会联合会"(Labor Organization,简称LO)是社民党建党九年后才形成的,因而社民党能够把产业工人作为支持自己的主要力量,很多企业工会自然成为社民党的中流砥柱。社民党从初创之始就选择了民主社会主义路线。社民党的基本政策是就业安全和保障所有公民的劳动就业权利。社民党的理念是所有公民具有同等的尊严和平等的价值,共同生产的产品要平等分配,伸张没有贫富差别的平等主义,同时社民党要在所有领域都努力实现男女平等。

社民党从初创期开始就与"工会联合会"保持紧密联系,联合会也是从组建之日起就决定以团体身份加入社民党,并承担以团体身份加入社民党的劳动者的党费,这成为社民党主要的经费来源。这一制度虽然在1986年废止,但据1965年的调查结果显示,89万名社民党党员中75%是团体会员(林成根,2003:85)。

20世纪30年代以前,瑞典的工人阶级虽然增长迅速,但同资本竞争时屡屡失败。1917年实施普通选举权以后,社民党虽然保持第一党的地位,但由于非社会主义政党之间的相互提携与合作,使社民党没有成为执政党(Korpi, 1978)。但在1932年经济大恐慌时期,社民党在议会选举中获得42%的创党以来的最高得票率,进而又成为执政党。社民党成为执政党以后,经济学家威戈弗斯(E. Wigforss)[①]当选为财政部部长,他积极推进凯恩斯主

[①] 社民党能够执政是因为社民党选择了联系理想和现实的经济学家威戈弗斯经济政策的缘故。被称为政治家、动员家、战略家以及理论家的威戈弗斯于1881年出生在瑞典南部哈尔姆斯塔德市的一个贫困家庭。他认为能够踏进上流社会的唯一途径就是接受学校教育,于是1889年他通过助学贷款在隆德大学学习文学和

义的财政政策，为瑞典福利国家的建设确定了基本框架。

社民党执政的1932年是经济大萧条时期，但是社民党汉森（P. A. Hansson）内阁把威戈弗斯的财政政策作为社会福利政策的基础，①依靠社会福利政策来增强贫困阶层的购买力。社民党虽然在选举中取得了胜利，但是并没有因此摆脱经济困境。社民党为了扩大就业和提高劳动者购买力，把农民党吸收为合作同盟，结成"红绿同盟"（red-green alliance），试图形成多数派联盟结构。②科尔皮（1978：84）指出，20世纪30年代的瑞典是民间资本从国有化的威胁中得到经济自由的保障、劳动者从福利国家中得到完全保护的资本和劳动相互妥协的时期。

社民党依靠阶级联盟和阶级妥协，20世纪40年代以后连续执政并试图建设经济增长和完全就业并行的平等取向的社民主义福利国家。社民党执政以后，在经济政策上采取了"劳资大妥协"的经济增长战略，追求完全雇佣的劳动市场政策和工会的连带工资政策等。同时伴随人口的减少产生国家存续的危机感时，瑞典建立了普遍主义的家庭政策。表5-1是1928年以后瑞典主要政党

哲学。1919年，威戈弗斯当选为社民党国会议员，1924年在布兰廷内阁中担任挂职部长，直到1953年一直为国会议员开展各种活动。威戈弗斯从1932年到1945年历任社民党政权的财务部长。20世纪30年代，他领导了"绿色联合"，1932年先于凯恩斯把凯恩斯式的财政政策应用于瑞典。40年代后期形成的雷恩—迈德纳经济模式中也隐含着威戈弗斯的哲学理念。

① 汉森内阁在1936年凯恩斯发表"一般理论"之前已经实施了凯恩斯经济理论核心的"积极的经济政策"，因而有人对汉森的经济理论称之为"没有凯恩斯的凯恩斯主义"。

② 社民党确定农民党为合作联盟是因为1934年从事农业人口的比例在全体人口中占34%。但是社民党和农民党在1959年讨论实施收入比例年金制度产生矛盾时，从事农业人口比例下降到12%（1960）。

的选举得票率。

表5-1 瑞典主要政党选举得票率(1928—2006)(单位:%)

年度	社会民主党	保守党	农民党	共产党	自由国民党
1928	37.0	29.4	11.2	—	—
1932	41.7	23.5	14.1	—	—
1936	45.8	17.6	14.3	12.87	3.3
1940	53.8	18.0	12.0	11.97	3.5
1944	46.5	15.8	13.6	10.3	12.9
1948	46.1	12.3.	12.4	6.3	22.7
1952	46.0	14.4	10.7	4.3	24.4
1956	44.6	17.1	9.5	50.0	23.8
1958	46.2	19.5	12.7	3.4	18.2
1962	47.8	16.6	13.6	4.5	17.5
1964	47.3	13.7	13.2	5.2	17.0
1968	50.1	12.9	15.7	3.0	14.3
1970	45.3	11.5	19.9	4.8	16.2
1973	43.6	14.3	25.1	5.3	9.4
1976	42.7	15.6	24.1	4.8	11.1
1979	43.2	20.3	18.1	5.6	10.6
1982	45.6	23.6	15.5	5.6	5.9
1985	44.7	21.3	12.4	5.4	14.2
1988	43.2	18.3	11.3	5.8	12.6
1991	37.7	21.9	8.5	4.5	9.1
1994	45.3	22.4	7.7	6.2	7.2
1998	36.4	22.9	5.1	12.0	4.7
2002	39.8	15.2	6.1	8.3	13.3
2006	35.0	26.2	7.9	5.9	7.5

资料来源:《瑞典模式:垄断资本和福利国家的共存》,首尔:三星研究所,2007,第43页;Thomas T. Mackie and Richard Rose, *International Almanac of Electoral History*, Washington DC: CQ Press, 1991.

3. 人民之家

瑞典的平等主义倾向在"人民之家"中得到了充分体现。

"人民之家"理念在瑞典福利国家的研究中具有特殊的含义。"人民之家"是20世纪20年代汉森（Hansson）①内阁时期提出来的重要概念，但是在瑞典的传统价值中已经蕴涵着这一概念的内涵。"人民之家"源于瑞典农民的传统村落，为近代瑞典福利国家的诞生提供了依据（李宪根，1999：22）。

1928年，继桑德勒（Sandler）后当选为社会民主党领导者的汉森把联系国家和家庭的"人民之家"作为国政理念。幸福家庭是通过共同体的团结和谐体现其特征，而"人民之家"是把美好国家比作幸福家庭，强调家庭和国家的连带关系。他指出瑞典社会不应该再存在被压迫的阶级，国家在社会中获得经济力量，象征不平等意义的"阶级"概念应该逐渐被"人民"或者"市民"概念所替代。汉森认为社会民主党是"人民"或者"国民"的政党，应该用更好的社会保障手段来增强政策上的合作和理解（Sainsbury，1980：33）。通过汉森的"人民之家"的概念，使基于社会平等价值而建立起来的社会民主党的理念更加突显出来。

请看1928年汉森在议会中所做的演讲：

> 家庭的基础是共同体精神和连带关系。幸福家庭就像对待亲生子女和非亲生子女一样没有歧视和差别……在幸福家庭中，充满着平等、友爱、合作和互助。把"伟大的国民之家"理念适用于一般的"市民之家"，就是消除把市民分裂为特权阶层和非特权阶层、支配者

---

① 汉森自1932年到1946年期间任瑞典首相。

和从属者、贫者和富者的所有社会、经济方面的屏障。
（Heclo and Madsen，1987：157；李宪根，1999：23）

在这个演说中，汉森把瑞典隐喻为"没有歧视，没有以权谋利，没有恃强欺弱的幸福家庭"。在这个演说中通过比喻表达的另一个含义是强调国家的作用，即国家应该成为犹如人民安居家园一样的存在物，这同样体现了社民党的理念。汉森发表此次演说以后，社民党的目标与革命性的社会主义相比，更加趋向于渐进的普惠式福利主义。社民党用国家财政收入，为所有国民提供基本的经济安全保障，为此1938年成立了社会福利委员会，在平等主义原则下实施了家庭补贴、医疗保险和工伤保险，1946年修改了1913年的《年金法》，实施了新《年金法》。

三、平等取向的社会福利制度

（一）早期平等取向的社会福利制度

19世纪80年代，瑞典的政治大体上分为保守主义和自由主义。政治上处于优势的自由主义者主张参政权和自由贸易，实施1884年德国俾斯麦式的缴费式社会保险制度。但是当时的社会保险制度只局限于南部有能力的薪金劳动者，这引起农民的强烈反对。在农民的强烈要求下，自由主义者逐渐转向面向所有国民的普惠式非缴费的社会保险制度。1907年老龄年金委员会成立，1913年《年金法》被通过，自此瑞典实施了世界上第一个惠及全民的普遍的国民年金制度（people's pension）（金仁春，2007：39—40）。

（二）平等取向的劳动政策

瑞典是在欧洲国家中工业化进程相对迟缓的国家，但瑞典却造就了世界上工业化水平最高、劳资关系最和谐的社会，因而瑞典成为研究社会福利和劳资关系的最重要的研究对象。瑞典劳资关系的目标与其他工业化国家的目标相比，并没有什么区别，都是通过"产业和平"实现社会繁荣。"产业和平"则是通过平等的价值追求和价值实现来达到，这是瑞典模式的特征。

那么，在劳资关系方面瑞典模式又是怎样的呢？总体来说瑞典的劳资关系可以用"集体协商和工会影响力"、由中央政府推动的强有力的"劳动市场政策"、极少量的"劳资纷争"来说明。通过集体协商和政府的劳动市场政策以及工会结构可以实现瑞典型劳资关系。

瑞典工会组织的核心是1898年成立的LO（瑞典工会联合会）。LO是包括所有产业工人的全国最大的产业联盟。到2005年，在LO之下有16个产业工会，190万名会员，[①]占该领域劳动者总数的85%。LO在决定瑞典劳资关系中起了重要的作用。在政治方面，从1930年以来，LO与社民党保持密切关系，这是形成瑞典模式的决定性因素。除LO以外，还有以事务性劳动者为对象的"全国产业联盟组织"（TCO）。以事务性、专门性职业为对象的TCO是1944年公共部门工会和民间部门从事社会事务的工会组织合并而成立的，该组织下有30个产业企业，127万名会

[①] 瑞典约有900万人口。

员。此外，还有1947年组织起来的SACO（Swedish Confederation of Professional Associations）。SACO是以大学毕业后在公共部门工作的人员为对象的工会组织，有45个工会，约有45万名会员。

与工会对应的是经营者组织，即"瑞典经营者联盟"（SAF）。这个联盟与LO、TCO是相对应。SAF于1902年创立，有42 000个企业，在这样企业工作的人员大约有130万人。SAF对工会的强硬立场，引发了1909年的总罢工。在这次罢工中，SAF虽然打击了工会，但在政治上却处于不利地位。虽然他们利用庞大的资本向议会选送自己的代表，但是与国家机关高位官僚、地主和共同体代表结盟的贸易保护主义者联盟相比，在人员数量上仍然处于劣势，而且在政治上，组织力量本来就脆弱的产业资本家还分裂为与工会敌对的保守党和争取普通选举权、亲和工会组织的自由党。

在这种情况下，SAF和LO依靠1932年执政的社民党的仲裁，在减少对劳资问题的国家介入、由雇主和劳动者自由解决问题上达成一致意见。1938年，在斯德哥尔摩郊外的疗养地萨尔特舍巴登（Saltsjobaden）进行了劳动者和资本家之间的历史性大妥协。"萨尔特舍巴登大妥协"把资本经营权和工会结社权予以制度化，资本家通过承认社民党的执政权，获得了保障以所有权为基础的资本主义市场经济，LO承认雇主有雇佣和解雇劳动者的权利，LO中央本部控制罢工权，保障产业秩序和产业和平，而SAF认定工会的罢工权，对企业经营可以共同协商。资本家可以多上交税金，允许社会和工会对之监督，而雇主得到家族企业固有的经营权。"萨尔特舍巴登大妥协"进一步强化了LO和SAF的支配力量，促进了劳资关系的中央集权化。历史大妥协协议签订以后，劳动争议急剧减少，到20世纪60年代末期，瑞典成为世界上劳动争议率最低的国家之一。同时面对劳资纷争，不用国家介入，只通过劳资间自由协商解决的惯例，即"萨尔特舍巴登精神"深入人心，而LO和SAF通过大量的后续协议，化解了劳动者和雇主之间的争议事项。

"萨尔特舍巴登大妥协"是以社民党执政为契机，确认劳资间的权利均衡。威戈弗斯把这种均衡解释为："经济权利依然在资本家手中，而政治权利对劳动者有利，因而经济权利和政治权利分离，被组织化的劳动者和被组织化的资本互相承认，不用一方收买另一方的方式来行使权利，这是真正的劳资之间的大妥协。"（Korpi，1978：46—50；金英顺，1996：100）

马丁（Martin，1984：191）曾对瑞典模式下了定义，他指出，瑞典模式是"生产方面的决定权交给资本家，政策决定的环境由国家和工会控制的体制"。这样的定义意味着将1932年社民党执政期推出的威戈弗斯经济理论和凯恩斯主义与在萨尔特舍巴登形成的劳资大妥协联系起来，继而形成了瑞典福利国家。在瑞典，依靠劳资妥协实现了长时间的产业和平，这是瑞典实现经济繁荣的基础。由此在人口900万的瑞典造就了ABB、Ericsson、VOLVO、Scania、Astra等世界性企业，这样的企业生产了很多世界尖端技术产品。

（三）平等取向的经济政策

1. 连带工资政策

反映瑞典独特的平等主义经济政策之一的就是连带工资政

策（solidaristic wages policy）。1941年，工会联合会开发的连带工资政策的核心是同工同酬。如果规定行业平均工资并统一适用于该行业所有企业，那么劳动生产率高的企业就可以获得超额利润，而且会扩大投资规模、增加企业利润，工人工资也会相应提高；相反劳动生产率低的企业获得的利润低，工人工资也会减少，甚至有的企业会被淘汰。国家促使高效率企业所积累的利润进行再投资，以此来增加工作岗位，同时对从夕阳产业或因效率低下而被淘汰的企业中产生的失业者，通过积极的劳动力市场政策加强再就业训练，促使他们再就业。连带工资政策可以缩小劳动者之间不合理的工资差距，抑制不同工会提高工资需求的竞争。连带工资政策可以抑制过度上升的工资，强化劳动者之间的连带意识，对工资低、效益差的企业增加压力，促使这些企业提高效益，使国家产业结构合理化，提高整个社会的经济效益。同时同工同酬可以预防劳动者之间的矛盾冲突，也可以使LO在与资本家进行有关工资谈判时掌握主导权。

在连带工资政策中，因为工资不是由企业收益决定，而是由企业性质决定的，因而虽然能够缩小工资差异，但依然存在失业危险。对那些从不能承担连带工资且效益低下的企业失业的劳动者，通过积极的劳动力市场，促使他们向效益好的企业转移，进而提高整个社会的经济效益。瑞典劳动力市场的弹性很高，但这种弹性不是通过解聘或解雇实现的，而是通过工资的弹性、劳动力素质的弹性、劳动力移动的弹性来完成。连带工资政策与积极的劳动力市场相互补充，实现"不是保障职业而是保障就业"的平等目标。

2. 积极的劳动力市场

在反映瑞典福利国家的平等主义政策中还有"积极的劳动力市场"政策（active labor market policy）。瑞典劳动力市场政策的目标是完全就业，但是完全就业政策因为容易引发通货膨胀，具有降低经济效益的缺点，而且连带工资政策会使效益低的企业产生很多失业人员，因而有必要实施失业者向高效益企业顺利转移的政策。瑞典通过积极的劳动力市场政策解决了这一问题。积极的劳动力市场是由劳动市场委员会（Labour Market Board）运营，这个委员会于1948年成立，由政府、雇主、劳动者代表组成。劳动市场委员会调节经济循环周期，缓解生产要素的投资困境，努力维持完全就业状态。积极的劳动力市场政策采取了抑制经济周期的经济政策，使不同产业部门的扩张和紧缩成为可能。政府诱导企业，使企业把利润的一部分作为积累资金，用于经济不景气时的投资，政府又积极介入劳动力市场，把从低效益企业中流出来的失业人员和剩余劳动者安排到高效益和高工资的领域，或者对其提供再就业培训机会（赵基济，2003：220）。

"积极的劳动力市场"不仅是以失业者为对象的劳动项目，而且也是职业移动和劳动力再培训的工程。预防失业的"劳动战略"（work strategy）目的不是单纯为失业者提供失业救济金，而是促使他们回归市场（Korpi，1990）。有人批判积极的劳动力市场政策，认为这种政策是把劳动者从既有的生活环境中剥离出来的非人道政策，会导致地区发展的不平衡。对此，雷恩（Rehn）指出积极的劳动力市场政策的目的是使人从经历或学历的束缚摆脱出来，从失业的恐惧中解脱出来，进而扩大劳动力市场中的自主选择权，因而这是更加人性化的政策（林成根译，2003：14）。

积极的劳动力市场政策使瑞典的就业结构显示出参与经济活动的劳动人口比例很高的特点，尤其是20世纪60年代以后，在积极的劳动力市场政策的影响下，女性参与劳动的比例大大增加。女性劳动力的增加一直持续到80年代。1960年女性参与劳动的比例仅仅维持OECD国家34%的平均水平，但是到了1987年达到48%，而到90年代达到80%，创西欧国家的最高水平，而受雇于计时工资工作的女性比例，在90年代占全体女性劳动者的40%—42%，占很高的比率（朴炳铉，2005）。瑞典女性参与劳动比例的提高是从60年代开始扩大社会福利服务的结果。

在瑞典，劳动行政的重要机关是"全国劳动市场委员会"（AMS）。AMS管理有关劳动力市场的行政问题和24个地方劳动委员会。在瑞典，就职就业是通过公共就业服务机关（employment service）来实现的，雇主在这个机关登记录用人员的相关条件。实施积极的劳动力市场政策的中枢机关是各市、区的国立职业介绍所。这个介绍所让各地区所在的企业主作为义务，随时通报空缺岗位，按省统计以后，根据职业类别进行综合，并把载有就业内容和薪酬福利条件的就职广告每周向社会发布一次，并无偿发给求职者，使其选择相应职业。通过这样的无偿介绍和推荐职业的方法，有效地调解了劳动力市场的供求关系。

从政府支出中可以看到瑞典积极的劳动力市场政策实施的效果。如1958年，瑞典的劳动力市场支出在GDP中所占比例约为0.5%。1987年OECD国家的统计资料显示，在GDP中对劳动力市场所支出的比例，法国和英国比例相当，爱尔兰、丹麦、比利时、荷兰的支出比例比瑞典高。但是在劳动力市场政策的支出中，对积极的劳动力市场支出的比例瑞典为70%，比其他国家都高出很多百分点。因有这样的政策，瑞典的失业率仅为1.9%，比其他国家都低（参见表5-2）。

表5-2　GDP与劳动市场政策总支出之比、积极劳动市场支出、OECD18个国家失业率

	GDP与积极劳动市场政策支出之比（%）	积极劳动市场政策支出与积极劳动市场支出之比（%）	失业率（%）
爱尔兰	5.1	28	17.5
丹麦	5.0	23	7.8
比利时	4.4	25	11.0
荷兰	40	28	9.6
法国	3.1	24	10.5
瑞典	2.7	70	1.9
英国	2.6	35	10.2
芬兰	2.4	32	5.0
德国	2.3	42	6.2
加拿大	2.2	25	8.8
新西兰	1.7	38	4.1
澳大利亚	1.5	21	8.0
奥地利	1.5	28	3.8
意大利	1.3	36	11.2
美国	0.8	29	6.1
挪威	0.8	54	2.1
日本	0.6	29	2.8
瑞士	0.4	43	0.7

资料来源：Korpi, W.1990, *The Development of the Swedish Welfare State in A Comparative Perspective*, Swedish Institute；朴炳铉：《福利国家的比较》，首尔：共同体出版社，2005，第182页。

瑞典积极的劳动力市场政策的独特性在其职业教育中也得到体现。职业教育是以失业人就业为目的而实施的教育。这种教育可以增强劳动力市场中的移动性，增进劳动者的技术水平。职业教育一方面使劳动者能够找到新的工作单位，另一方面也使雇主能够找到合适的劳动者，改善雇佣结构和状态。这种职业训练主要是以由地方劳动委员会或者地区雇佣委员会面向各种社会教育机关购买服务项目的方式进行。这种职业教育和训练不仅包括技术教育，而且也包含学术性教育，政府对利用正规教育机关的训练者提供奖学金。职业教育是以20岁以上的成人为对象，平均教育期间是15至20周，受教育者在6个月内取得就业岗位的平均比例是60%—75%，受教育期间提供部分培训补贴。

职业教育中也有为残疾人提供的教育和职业介绍项目。对残疾人进行职业教育以后，政府对其劳动能力进行鉴定并确认该残疾人是进入一般劳动力市场还是需要进一步接受特殊教育。国家为残疾人特殊职业教育还设立了特大训练场所并与劳动能力鉴定部门进行密切的合作。残疾人接受教育期间，政府为其提供部分生活费用。为了完善残疾人就业工作，企业和公共机关实施义务雇佣制，对雇佣残疾人的企业和公共部门提供相应的补助。

3. 雷恩—迈德纳经济模式

1951年，LO经济学家约斯塔·雷恩（Gosta Rehn）和鲁道夫·迈德纳（Rudolf Meidner）提出的瑞典模式是基于在完全就业的经济条件下，因为高需求导致通货膨胀，仅仅通过高需求难以达到高增长的假设下设计的。雷恩—迈德纳模式由以下几部分构成：第一，通过紧缩性财政政策对临界企业施加压力，通过同工同酬的连带工资政策抑制高利润企业工资上升的趋势，进而抑制通货膨胀。第二，临界企业产生的失业问题，通过积极的劳动力市场来解决，用高福利政策补充抑制工资所带来的收入减少，但高福利费用的筹集不是通过企业税，而是通过所得税和间接税来筹集，以此来减轻企业负担，促进企业的发展。第三，连带工资政策不仅抑制通货膨胀，而且缩小劳动者之间的收入差距，增强阶级团结意识，同时连带工资政策通过紧缩性财政政策，促进产业结构的合理化，即通过淘汰不能支付连带工资的临界企业，鼓励企业进行技术革新（Martin，1984；Esping-Andersen，1985；金英顺，1996；105；朴炳铉，2005）。

严格意义上，雷恩—迈德纳模式是具有强烈的增长主义特点的经济模式。通过连带工资政策，效益好的企业可以减少工资支出，通过积极的劳动力市场政策，效益好的企业可以获得企业所需要的高素质劳动力。此外，瑞典的企业税收政策，可以减少高投资、高增长企业的纳税负担，因而有利于效益好的企业的发展。在瑞典，主导经济增长和投资的企业往往是在国际市场竞争中以出口为主的大型企业，金属及机械工业是这种大企业的代表。在国际市场上竞争的跨国公司在国民经济发展中占据主导地位，对此社会民主主义也承认，因而瑞典采取了有利于大型企业发展的经济政策。

雷恩—迈德纳模式倾向于自由主义经济政策，但是这一模式背后隐含着平等主义分配意义。雷恩—迈德纳模式的核心是认定资本家的经营权，选择对出口企业成长有利的政策和制度。这一模式在促进国家经济发展的同时，通过税收和发达的福利制度进行再分配，促进社会的平等分配。在瑞典模式中，资本家阶层作为经济主体可以确保其稳定的地位，但对富裕资本家的个人利益则是通过高税收牺牲部分利益，以此保证瑞典的平等主义。

（四）平等取向的再分配政策

瑞典福利国家是为了解决在市场中形成的贫困和不平等，以全民为对象在收入、营养、医疗、住宅、教育、劳动条件等方面设定标准，通过税收和再分配政策在实现平等和连带目标的过程中形成的。作为生活水平的构成要素，福利的意义不仅是经济福利而且还包括人的自由和安全。

但是即使是这样的瑞典，在20世纪70年代因石油危机也陷入了经济不景气的困境，特别是在1982年选举中取胜的社民党面临的经济状况是经济增长率下降到－0.3%，国际收支连续几年出现赤字，经济状况处于历史最低点。同时公共赤字占GDP的13%，失业率超过3%。在这种情况下，瑞典也面临着福利国家的改革问题。但是瑞典的福利国家改革方向与英国和美国不同，英美国家采用"福利国家危机"概念来促进改革，而瑞典比起"危机"概念，使用更多的是"调整期"（adjustment period）的概念（Olsson，1993），即在瑞典没有对社会福利进行大幅度的缩减（Stephens，1996），也没有对福利国家进行根本性的改革（Palme and Wennemo，1998；Ahn，2000）。

面对经济危机，瑞典选择的调整福利国家的方针是"维持公正的分配体制的福利国家"。这个方针的主要内容包括：第一，在新的情况下，难以维持日益膨胀的福利支出；第二，尽可能减少福利支出，至少在维持现有的基础上冻结更多的福利支出；第三，政府坚守福利政策的基本框架，若需要削减福利项目，就要合理分散负担，以此来维持福利国家的基本制度特征，即社民党不是固守以往的福利支出水平，而是坚守作为"公正的分配体制"的福利国家的基本功能并设定新的福利政策目标（金英顺，1996：280）。

社民党削减福利支出的政策表明在维持福利国家基本框架的同时，把削减少量公共支出的方法予以合理化，同时也表明政府的紧缩财政的负担不是全部转嫁给劳动者，而是选择各方"分担痛苦"的逻辑。与英国不同，在瑞典支撑福利国家的原则并没有因为改革而受到冲击，通过国家集团性解决福利问题的原理并没有动摇，这是因为瑞典绝大多数国民依然认同通过高税收维持福利国家的方法的缘故（Tornstamm，1995）。在选举中需要获得支持的各个政党也充分认识到这一问题，同时也说明瑞典在黄金期确立的福利国家的各种福利项目能够支持社会整合，满足社会的平等和公平（安祥薰，1999：230）。

英国和美国通过福利国家的改革把保障"国民最低生活水平"的责任从国家转移到个人的时候，瑞典福利国家的给付依然作为市民的权利而得到认可。在英国撒切尔执政时期，改革社会保障制度，使贝弗里奇的普遍主义福利制度逐渐转向选择主义，但是在瑞典依然维持着普遍主义的福利制度，而且继续维持着"公正的分配体制"的福利国家，避免和防止任何一个阶层受损或者受到歧视，即使在20世纪70年代后期保守三党联合执政时期，福利国家的基本框架也没有改变，有时保守政权还制定了对有产者不利的政策。如1977年工资支付结构中，雇主负担的社会保障经费从社民党时期的18%提高到34%（千世冲，1986：95）。在瑞典维持着普遍主义制度、再分配等以往福利国家的性质，这与其推崇平等主义取向的历史和传统及平等主义文化有着密切的关系。

（五）平等取向的社会服务政策

1. 福利政策的普遍性

纵观瑞典的福利政策，可以发现以下几个特点。

第一，作为社会保险制度，在瑞典主要有医疗保险、年金保险、产业灾害保险、失业保险四种社会保险制度。这种保险制度根据健康、年龄及经济变化而保障个人生活，避免收入的中断。此外，还有现金支付的儿童补贴、住宅补贴、残疾人特殊补贴以及针对经济困难的个人或家庭，以国民生活最低保障线为基准提供临时性补贴的公共补助。

第二，在照顾（care）和社会服务（social service）方面，对不能独立生活的儿童、老人、残疾人提供照顾，并根据需要由地方自治团体提供功能性服务。此外，还有青少年保护、市民文化活动、增进健康活动和各种体育活动，这些活动都以村落为单位运营，每个人都有权利和机会参与利用。

第三，在社会安全（security）方面，要抵御来自社会或自然的风险，这是基于生命价值和生活质量同等重要的理念，具有福利政策的预防性含义。如作为社会安全措施，任何市民都有受教育的权利；完全就业作为社会政策目标，显示出政府重视劳动者的权利；环境管理和环境政策是确保社会性、自然性安全的国家保护政策。

此外，住房政策也是非常重要的社会福利政策。住房政策实行每个家庭保证有其住宅的原则，保障居民的安全生活环境。以租住者资格租借地方政府建设的住宅者居多数；消费者集资建设的住宅模式也有悠久的历史并形成一定规模；对少数购买商业住宅和个人住宅的中产阶层在融资方面提供优惠的减税政策；在房屋维修方面，根据房屋租赁费、收入水平和子女数提供不同额度的补助。

总之，瑞典的社会福利政策以包括家庭主妇的所有社会成员为对象，提供平等的普遍的福利，不管其是否参与市场活动，也不管其有无劳动业绩，都能享受到无差别的普遍的福利服务。社会福利政策所需要的资源主要是从国家财政收入和雇主义务缴纳的费用中获取。

2. 福利政策的平等性

衡量一个国家和地区平等程度的常用指标是基尼系数。表5-3体现的是瑞典、德国和美国三个国家的扣除税收并加入社会保障给付后的基尼系数。①这一资料表明，瑞典的市场收入不平等程度比美国和德国还要高。但是扣除税金并加入社会保障移转收入以后的可支配收入的不平等程度比美国和德国低。1995年，因税金和社会保障给付，不平等程度降低52.9%。把这种不平等

---

① 基尼系数越大意味着越不平等。对基尼系数的详细说明和解释参见朴炳铉：《社会福利政策论：理论和实践》，首尔：学玄社，2007，第195—197页。

程度与美国的24.5%、德国的35.3%相比,瑞典的社会保障在缩小收入差距方面起了很重要的作用(朴炳铉,2005)。

表5-3 用基尼系数测定的税金和税前税后移转收入的不平等变化(1995)

	税金和移转收入税收之前(%)	税金和移转收入税收之后(%)	因税金和移转收入发生的变化(%)
瑞典1955 变化率1975-1995	48.7 17.2	23.0 -1.0	-52.9
德国1994 变化率1984-1994	43.6 1.2	28.2 6.4	-35.3
美国1995 变化率1974-1995	45.5 13.1	34.4 10.0	-24.5

资料来源:J. M Burniaux, T. T. Dang, M. Forster, M. Mira d'Ercole, and H. Oxley, 1998, *Income Distribution and Poverty in Selected OECE Countries: Economic Department Working Papers*, No.189, OECD, Paris, Table 3.2; 朴炳铉:《福利国家的比较》,首尔:共同体出版社,2005,第192页。

表5-3所示,近年来,瑞典和美国的市场收入不平等趋势逐渐提高。在20世纪80年代和90年代,市场收入不平等趋势逐年增强是西方国家的普遍现象,这是因为给付偏差扩大的缘故,这也是世界性的趋势。但是可支配收入不平等在不同国家有很大的差异。瑞典是市场收入不平等和可支配收入不平等程度相差最大的国家,这源于20世纪70年代瑞典开展"不平等论争"以后进行的税收改革。从20世纪70年代中期到80年代中期,专门职业和中产阶层的可支配收入随着个人所得税的提高而持续减少(Ginsburg,1992;朴炳铉,2005)。

在收入不平等方面，除上述研究之外还有与此相类似的其他研究。崔炳浩和金泰完（2005）研究了OECD国家的市场收入基尼系数和可支配收入的基尼系数（参见表5-4）。表5-4所示，如果仅仅看瑞典的市场收入，基尼系数达到0.439，可视为收入很不平等的国家。但是瑞典的可支配收入的基尼系数是0.230，仅次于芬兰。市场收入的基尼系数和可支配收入的基尼系数的差距之大，说明瑞典的社会保障给付制度或者税收的再分配制度比其他国家发挥出更强的调节功能。因为瑞典有强有力社会保障给付或者税收制度，因而可称之为平等国家。若从市场收入来看，韩国的基尼系数是0.403，不平等程度比OECD的其他国家并不严重，但可支配收入的基尼系数是0.386，在表中所介绍的OECD国家中最高。这说明韩国的社会保障给付制度或者税收制度的收入再分配功能很脆弱。

表5-4 OECD国家中市场收入的基尼系数和可支配收入的基尼系数

国家名	市场收入基尼系数（A）	可支配收入基尼系数（B）	A-B
瑞典（1994）	0.439	0.230	0.209
芬兰（1995）	0.379	0.228	0.151
法国（1994）	0.417	0.278	0.139
爱尔兰（1994）	0.461	0.324	0.137
英国（1995）	0.428	0.312	0.116
德国（1994）	0.395	0.282	0.113
荷兰（1995）	0.348	0.255	0.093

续表

国家名	市场收入基尼系数（A）	可支配收入基尼系数（B）	A-B
加拿大（1995）	0.374	0.285	0.089
澳大利亚（1994）	0.391	0.305	0.086
挪威（1995）	0.335	0.256	0.079
美国（1995）	0.411	0.344	0.067
韩国（2000）	0.403	0.386	0.017

资料来源：OECD国家的资料见：OECD,"Income Distribution in OECD Countries", *Social Policy Studies*, No.18, OECD Paris,1995; Foster Michael, "Trends and Driving Factor in Income Distribution and Poverty in the OECD Areas", *Labor Market and Social Policy Occasional Paper*, No.42, DEELSA/ELSA/WD (2003)3, OECD, Paris, 2000. 韩国资料见：崔炳浩、金泰完："社会保障制度的再分配效果和趋势"，《社会保障研究》第21卷第3号，2005，第217页。

（六）社会服务国家的取向

瑞典也被称之为以社会服务为中心的福利国家。所谓以社会服务为中心的福利国家是指国家不是仅仅对最低收入阶层提供直接的收入保障，而是对所有公民提供生活所必需的服务，像医疗、教育、保育、老人疗养等服务都由政府运营和提供，以此来提高全体市民的生活质量，因而比起英国、美国、德国，瑞典的社会服务设施更加齐全。瑞典的保育和照顾老人的相关社会服务很完善，这种社会服务的财政支出达到欧盟国家平均数的两倍，公共部门支出占GDP的60%—79%，远远超过OECD国家

45%—50%平均数。

社会服务型福利国家在两性平等方面也做了很多贡献。无偿或者享受国家补贴的公共托儿服务是与家庭补贴、父母保险并行的，使瑞典成为亲和女性的福利国家。在瑞典15—64岁的80%的女性参与社会劳动，女性参与经济活动的比例很高。瑞典社会服务活动很活跃，受雇佣的1/3女性在公共部门就业。

四、小结

1990年，埃斯平·安德森把瑞典划归为社会民主主义的福利国家。社会民主主义的福利国家显示出高水平的劳动力去商品化程度，因而市民生活不是必须依靠劳动市场，而是通过社会保障项目能够获得较高水平的福利待遇。瑞典的社会福利制度并不是市民获取福利待遇的最后一道安全网，而是主要的制度保障。瑞典社会福利的主体是国家，国家通过普惠式社会福利制度，保障个人的安宁和幸福。

那么，瑞典的社会民主主义福利国家是如何产生的呢？

在个人主义文化普及的英国和美国，保障国民的最低生活的责任从国家逐渐转向个人，与此相反，在瑞典，国家福利是基于市民的社会权利而给予。英国在福利国家危机时期，撒切尔政府改革了福利制度，从贝弗里奇时期的普遍性福利转换为选择性福利制度，而瑞典却依然保持着普遍性福利制度。在瑞典，社会福利制度作为公平的分配体系而被保留，因而社会问题不是基于个人性格上的缺陷，而是来源于社会的矛盾，解决这些问题的主体也不是个人，而是国家。这是不能以歧视和损害任何阶层的公平和平等的理念作为制度设计基础的。在这样的社会，政府把探索和制定解决问题的政策方案视为应然之事。在瑞典普惠式社会福利制度、制度型社会福利、社会福利的再分配特征等社会福利哲学理念将会继续存在，这种制度存在的可能性正是共同体的平等意识普及的结果。

第六章
结论

一、韩国的儒家文化
二、韩国儒家文化与社会福利
三、文化理论对韩国社会福利的意义

第六章　结论：对韩国文化的意义[①]

无论国家的政治理念、经济发展、文化传统如何，把个人能力与收入关系表现为更加人性化的社会福利制度在世界各国普遍流传。建立社会福利制度已成为世界趋势，这也是主张现代社会福利制度具有结构同质性的趋同论者的理论根据。按照趋同论的观点，比起西方国家起步相对晚的韩国社会福利制度不过是模仿了西方现成的社会福利制度的模式。

虽然韩国在制度设计上模仿了西欧的社会福利模式，但是却选择了与西方国家不同的发展路径，其内容也与西方国家大相径庭。如果说西方国家的社会福利制度是随着产业化的发展和市民权利的扩张而有计划地发展起来的话，那么韩国的社会福利制度是基于政治需要而制定的临时性、应急性措施，具有单一性特征。同时韩国的社会福利制度虽然有急速西化的趋势，但是至今为止，以"孝"思想为基础的父权制、家庭中心主义、共同体意识的传统文化依然流传并产生影响，而这种传统文化也反映在社会福利制

[①] 本章内容摘自2007年由朴炳铉、金教成、南灿燮、Chow合著，首尔共同体出版社出版的《东亚社会福利研究》一书中第215—226页的部分，并有所修改和补充。

度之中，这也是韩国社会福利制度有别于西方国家的原因。

尽管韩国社会福利制度发展过程和内容与西方有些差异，但是目前在研究韩国社会福利制度的过程中，很多学者还是把韩国的社会福利制度与西方的福利制度看作同质性状态，用西方国家开发的概念和框架来解释和研究韩国的社会福利制度。但是依据西方国家社会福利制度发展历史和经验总结出来的事实，在韩国或许不存在，或许以变异的形态存在，因而对韩国社会福利体制应该用韩国固有文化来解释和研究。基于这样的思考，在本书的结论部分考察了韩国的儒家文化和社会福利的关系。

一、韩国的儒家文化

在韩国，儒教与其说是一种宗教，倒不如说是一种人们的行为方式和社会的主流文化，对韩国的政治、经济、社会等领域产生了重大的影响。儒家文化具有尊敬老人、孝敬父母、爱护兄弟、注重集体、忠诚尽责、避免矛盾、热衷教育、崇拜精英等诸多特点，同时儒家文化也强调家庭成员间的纽带关系、家长之权威、男女分工及家族的延续和继承等。综合这些特点，韩国儒家文化的核心可概括为家庭中心主义、"孝"思想和共同体意识。

（一）家庭中心主义

在韩国社会，家庭的概念已经超越社会基本制度的人类学原理，具有重要的意义。韩国是以家庭为中心的社会，从人们的价值观到具体的行为方式中,家庭都作为重要的要素而起了作用。与"独立的自我意识和自我负责"的西方社会不同,韩国强调家庭纽带和家族中的等级和从属关系。家庭是个人生活的中枢机关,在国民文化中处于中心地位。韩国的家庭中心主义作为一种文化,潜移默化地影响个人的价值观,同时作为日常生活中的一般原则通过具体的生活方式而予以传承(申秀珍,1998:129)。

20世纪70年代,这种家庭中心主义曾被认为是对社会发展起阻碍作用的因素而受到过批判。以个人为中心的自由主义认为传统的家庭中心主义具有强制性、非民主性的特点,因而不能适应现代社会,要使韩国发展成为真正的市民社会就应该抛弃以家庭为中心的文化意识。

近年来,人们不断反思自由主义或个人主义能否替代传统的家庭中心主义的问题,即产业化带来的负面影响促使人们对传统的家庭中心主义观念进行了重新审视,并认为个人主义不能完全替代传统的家庭功能,儒家文化中的家庭中心主义是韩国社会的传统。这种传统在多变的时代不仅不能抛弃,而且应该作为与西方个人主义价值观相对应的东方社会价值而应该予以保留和弘扬。

韩国的家庭中心主义思想源于儒家的世界观,与自由主义对宇宙和人类的理解有很大的差异,对现实世界的社会秩序的理解也很不相同。家庭中心主义认为构成社会的基本单位是家庭,家庭比任何社会团体都重要,个人不能独立于家庭,家庭内部关系是依据上下序列关系而形成,而这种人际关系的原理扩大到外部的社会组织之中(崔在锡,1976:232)。

在儒家文化中,强调家庭与社会成员之间的和谐关系。在韩国,非常重视家庭关系的整合性。在家庭关系中,父母与子女关系处于至上地位,数世纪内乱外患的时代,正是家庭帮助韩国人渡过了难关,韩国人至今还认为"唯一能够信任的还是家庭"。这种家庭中心主义倾向随着产业化的发展不仅没有削弱,反而更加巩固了。

(二)"孝"思想

"孝"是以家庭为中心的孝敬父母的一种理念。在韩国社会,把"孝"的价值视为对家族长辈应尽的义务和奉献的人伦原则。成奎卓(1995)把韩国社会的"孝"思想分为六种类型——

(1)爱护/爱心:爱护父母并献爱心;

(2)报恩/报答:偿还欠父母的债;

(3)家庭和睦:以父母为中心,保持家庭成员之间的和谐氛围;

(4)尊敬父母:对父母表示尊敬;

(5)义务感/责任感:履行对父母的责任和义务;

(6)为父母牺牲:为了父母做出身体和经济上的牺牲。

根据成奎卓(1995)的研究,对父母的尊敬是韩国人的孝行之一。实际上,在孝的教义中,最为强调的是对父母的尊敬、对父母有恭敬心和礼仪,应该诚心实意地照顾父母。现代社会,韩国老人的权威地位虽然比以前有所降低,但尊敬老人依然是韩国的社会传统,是社会风气和社会规范。这种特点反映在韩国人的日常生活之中,如与老人对话时使用敬语;把老人安排在最舒心的位置上;按照老人的口味安排饮食;在节假日期间拜访父母;

开展大力支持孝敬老人的社会活动等。

在犹太基督教文化中，也把尊敬父母作为一种社会伦理来加以强调。如在圣经中记载"你们要恭敬各自的父母"（《利未记》，19：3）。这里的"恭敬"比"尊敬"更加强烈，具有几乎神格化的意义（Post，1980）。在"你们要侍奉年长的老人"的《旧约》之言中，也含有因为是老人才对其置于至上地位的意义。犹太基督教的律法还要求即使父母不在眼前也要对他们怀有尊敬的态度（Finkel，1982：123）。

在犹太基督教伦理中，虽然讲授恭敬父母的方法，但是这样的宗教教义在西欧社会中并没有产生预期的影响力（Cox，1990）。据说在欧洲社会经常出现轻视老人、对老人不友好的现象（Hendricks and Hendricks，1977；Kastenbaum and Ross，1975）。正如帕莫尔（Palmore，1989）所指出的"孝"的观念在美国人那里是很陌生的。他强调对老人的尊敬是促进老人与社会融合、维持和提高老人社会地位的重要因素。

在韩国，虽然随着产业化的发展，核心家庭日益增多，但是核心家庭并没有从亲戚关系中完全游离出来，依然与家族亲戚保持密切关系，同时核心家庭也归属于由相互依存的亲戚关系形成的相互扶助的网络之中。父母和子女之间的交流，即使因社会变动而带来障碍和不便，但依然维持着相互尊重、互相支持的关系。虽然父母与子女关系因距离之远而难以经常接触，但父母子女之间的支持关系依然存在，而这种关系通过家庭成员的爱心、责任、和睦、尊敬、牺牲、报恩等孝行为来维系着。只是在现代社会，父母与子女之间因地理位置上的相隔，两者关系在某种程度上表现为弱化,而这种弱化恰恰需要用现代社会福利制度来加以缓解(成奎卓,1995:302)。

有空就高唱思念家乡和父母兄弟的歌曲、一年多次返回故乡与家人团聚、承诺相互间的关心和支持、为故乡发展献计献策的韩国人的习惯,在一定程度上缓解了工业化带来的负面影响。也就是说,社会变动带来的影响正在用传统文化的影响力来予以抵抗。韩国是一个国土狭小、历史不长、单一民族的国家,但交通通信发达,生活水平高,各种社会服务非常发达,这些情况能够减少父母和子女之间因距离之远而产生的问题。这些有利条件也增强了父母和子女之间接触及对话的可能性,也提高了父母与家庭高度融合的可能性(成奎卓,1995)。

(三)共同体意识

如果说西方的共同体思想可以用"连带"(solidarity)概念来说明的话,那么东方的共同体意识可以用儒家文化来加以说明。东方的共同体主义(Communitarianism)是与西方的自由主义思想相对立的实现共同体价值的社会观与伦理观。

《礼记·李运》篇中的"大同社会"、《论语·里仁》篇中的"里仁"、《孟子·滕文公》中以井田制为基础的"村落共同体"都是以儒家思想为基础的理想社会模式(李承焕,1998:221)。在这种理想社会中,为了树立共同体的理想、实现共同的善,就需要成员间的纽带关系。如果成员选择独立的生活方式,追求各自的权利和利益,共同的善是难以实现的。与个人自由至上的自由主义不同,共同体主义为实现共同的善,以必要的道德修养和人格情操作为伦理目标。

　　在西方的自由主义思想中，把个人自由看作维护个人尊严的手段，而东方的儒家思想却相反，为了使个人在自己所属的共同体中完成道德要求，便对其提供基本的福利或厚生条件。孔子的"有教无类"、"不患寡而患不均"的思想充分体现了儒家文化中重视国人福利或厚生的思想。《孟子·滕文公上》篇中也说，先"五谷熟而民人育"，而后"教以人伦"，这些思想意味着个人不能排除在社会之外，所有的人都有追求幸福生活的权利。儒家共同体主义思想强调保障人的最基本的生活条件。

　　在很多儒家经典著作中，把君主对国民福利的关心往往比喻为父母对子女的爱护，如《书经·康诰》篇中指出君子应该对百姓"如保赤子"，这体现了国家照顾百姓的福利思想，而这种福利可以解释为温情的家长式管理理念（paternalism）。

　　在东方的儒家思想中，十分关注人际关系，这与西方自由主义的人生观和社会观不同。在儒家思想中把个人视为与共同体不能分离的有机体，个人的自我认同（self identity）不是在与他人分离或孤立中得到确认，而是在与他人的关系中确认自身的地位（李承焕，1998：244）。社会排斥是从个人和社会结构关系的视角看待社会问题的。也就是说，不合实际的社会参与、不充分的社会保护、不够强大的社会整合以及缺乏活力的赋权机制都会成为贫困的原因，也是造成社会排斥的因素。因此强调人际关系的东方思维模式可以用来开发预防西方社会排斥现象或者防止形成下层阶级的手段。

　　在儒家思想中，人就是关系，关系就是人的存在方式，人只有在与他人的关系中才能确认自身的存在，在与他人的关系中才能生存和发展。人是在共同体中存在的，是社会的存在物，在这样的人际关系中不可能存在像西方自由主义设定的"绝对个人"的概念（徐善姬，1995：26）。

在儒家思想中"我"与"共同体"是不能分离的统一体，"我"融合于共同体中，共同体与我共存，因而在儒家文化中"我们"的意识优先于"我"的观念。在韩国，人们比起"我"更自然地使用"我们"的概念，如"我们家"、"我们村"、"我们学校"、"我们的幸福和我们的成功就是我的幸福和我的成功"。因为不存在与外部世界分离的自我观，所以儒家世界观认为人即使未实现主观自我也能度过美好人生。强化共同体意识也就是营造以人与人之间纽带关系为基础的社会保障条件的过程。

在韩国，反映利他主义共同体文化的习惯可以从社区社会体系的"乡约"、"互助组"、"契会"等组织中可见一斑。在这些生活习惯中，隐含着人的尊严、家庭主义价值、对儿童的保护、对老弱病残者的照顾、对自己行为负责的责任心、对人生意义的追求、同甘共苦与团结一致的民主主义精神以及互帮互助的境界，而这些都是社会福利的基本价值。

二、韩国儒家文化与社会福利

（一）儒家文化对韩国社会福利的影响

儒家文化对韩国社会福利产生何种影响呢？对此很多学者

持否定和批判的态度。当个人或家庭发生危机或遇到困难时，韩国人更多的是靠亲戚朋友的帮助渡过难关，而依靠国家与政府的介入来解决问题的人相对少一些。在西方容易成为社会问题的现象，在东方国家则被看作个人问题，即使成为社会问题也需要经过一定的时间，尤其是儒家"孝"文化延缓了老人问题成为社会问题的进程。在儒家文化的影响下，家庭替代市场或国家，成为满足福利需求的主体。韩国或者日本的社会福利发展程度落后于与其经济发展水平相似的国家，这种现象可以从传统文化因素中找到一定理由（Park，1990；朴炳铉，1993，1996）。

强调家庭主义和"孝"思想，意味着在社会福利中弱化政府责任，强化以家庭为中心的非正式部门的作用。正因为儒家思想强调家庭的责任和义务，因而可以诱导人们减少对国家的福利期待，形成以家庭为中心的社会福利体系。

洪坰骏（1999：330）把受儒家文化影响的国家称之为儒家福利国家，并指出在诠释儒家福利国家方面，工业化理论的合理性相对弱一些。比起其他福利国家，在儒家福利国家中个人主义价值处于弱势，而集体主义价值相对强大。在集团性高的儒家主义福利国家中，强调各种"缘"，重视社会关系网，大家庭或者内部网络的作用非常强大，"我们主义"（we-ism）支配着人际关系，非正式联系的持续性和程度比个人主义社会强得多，因而"外乡人"与"本地人"的差别相当大，对外乡人的关心和照顾不及个人主义社会。

洪坰骏接着从三个方面阐述了集团主义在实现儒家福利国家的表现形式。

第一，在集团主义社会，非正式联系的作用仍然受到重视。近代化进程相对晚的东亚国家，非正式归属感经常被利用为强化民族国家、振兴资本主义的手段，即种族（ethnie）观念替代市民权，成为组织社会成员、统一民族国家的手段，而家族主义成为儒家资本主义或者裙带资本主义（crony capitalism）的基础。非正式联系成为满足社会成员福利需求的有力工具，而国家在社会福利方面的作用显得相对虚弱。

第二，在集团主义社会，劳资之间的对立和冲突在政治上难以被动员和利用，大家族或者集团内部的身份意识强于阶级意识，因而政治动员往往是在彼此分离的环境中形成。宗亲、同乡、同学在政治动员中占据非常重要的地位，而这种关系又通过政治精英再造出来。如果说在西欧的干预主义福利国家中，文化的民族同质性在政治动员中发挥顺应功能的话，那么在儒家主义福利国家中，文化的民族同质性对政治动员起了阻碍作用，强有力的右派政党力量便是他的产物。

最后，在集团主义社会中存在的非正式联系，对决策结构中的官僚者的行为产生重大影响。一般说来，儒家国家工业化起步相对晚，但又面临急速的经济增长，在这种双重压力下，儒家国家的官僚们习惯于把福利责任转嫁给非正式组织，同时又受由此积累的政策影响的约束。在社会利害关系相对自由的国家结构中，这样的政治习惯和政策影响并不容易发生变化。在西欧干预主义福利国家中，国家能力趋向于强化国家的福利责任，而在儒家主义福利国家中，国家能力则弱化了国家的福利责任。

（二）家庭中心主义、孝思想、共同体意识与社会保障制度

在韩国，家庭中心主义、孝思想、共同体意识以何种形式体现在社会保障制度中呢？韩国《社会保障基本法》第6条规定"国家和地方政府应该为促进家庭的健康发展，提高家庭功能而努力"（第1项）；"国家和地方政府在实施社会保障制度的过程中，应该促进家庭和社区的自发性福利活动"（第2项），由此可以看出《社会保障基本法》强化了家庭的功能和责任。在国家的责任方面，同法第五条规定国家"应该建立适应经济发展水平的社会保障制度，每年支援必要的资源"。

在韩国的社会福利制度中有强调家庭及"孝"思想的内容，如作为韩国代表性公共救济项目的国民基础生活保障制度中规定："如发现扶养义务者有扶养能力的事实而收回已发放的救济费用时，可以向扶养义务者索要，即可以向家庭成员追偿。"（第46条）。这种规定强调了家庭扶养义务者的责任，也是家庭中心主义的表现形式，同时也说明若家庭内部有扶养能力的扶养义务者时，国家不予承担社会扶养义务，这也是对家庭成员赋予扶养义务的家庭主义的表现。

在韩国的国民年金制度中也有强调"孝"思想的内容。如在韩国《国民年金法》第48条规定："赡养60岁以上的父母或二级以上残疾父母的，在支付年金时每年可追加10万韩元的附加年金。"这是承认赡养父母的价值体现。国民年金在理论上只是支付给那些参与年金保险的人，但对其家族成员给予关心和照顾，这是把家族成员看作统一体的家庭中心主义的具体表现。

《国民基础生活保障法》第13条规定:"有劳动能力但享受最低生活保障者,若赡养痴呆父母的,可以认定为参与劳动或参与自救活动困难者,可以排除在有条件享受基本生活保障的范围之外。"

《国民健康保险法》第62条第5项规定"适当减少65岁以上健康保险参与者及其家庭成员的保险费"。减少老人家庭的保险费与老人是否参与经济活动无关,只要是65岁以上的老人家庭,都可以享受这种优惠,这是对老年家庭提供照顾的表现,也可以看作是减轻对65岁以上老人家庭抚养义务者的负担,也是儒家"孝"思想的反映。

再如《失业保险法》第22条规定,为照顾父母而辞职的人在其再就业时,用人单位可以根据《高龄者雇佣促进法》而获得奖金;本人或配偶的直系亲属因疾病或负伤而不能就业时,可延长失业金领取时间。同法第52条第2项规定,赡养65岁以上父母的也被视作难就业状态,可延长失业金领取时间,这也体现了对父母尽孝道的思想。

在韩国的社会保险给付制度中有遗属年金,与其他国家相比,韩国的遗属年金有其独特的特点。在韩国《国民年金法》中规定了遗属范围并规定了获得遗属年金的先后顺序,然后根据优先顺序享受遗属年金。与此不同,西方一些国家在遗属年金给付方面分设配偶和子女的年金,分别予以支付。这种差异表明,韩国是以家庭为单位支付遗属年金,比较重视家庭的维系功能,而西方国家则采取适应个人主义倾向的给付形态(金泰成,金镇洙,2003:197)。

总之，在韩国的社会保障法中包含着重视家庭的"孝"思想的部分。《国民基础生活保障法》、《国民健康保险法》、《医疗保险法》都把家庭作为给付单位，在待遇给付和缴费义务方面，家庭成员间都有连带责任。在《国民年金法》中也规定了年金受惠者死亡后家属可以获得遗属年金的条款；在《失业保险法》中规定有失业者作为扶养义务者就业困难时可以延长失业金领取时间或支付个别救济金的条款；在《工伤保险法》中规定了企业为因公受伤者子女提供助学金的条款。这些都反映了家庭中心主义、孝敬老人的儒家思想（梁玉京、金晓希，2001）。

社会的变化必然使家庭结构也随之发生变化。在社会福利的制度安排上有无既能维持家庭中心主义的长处，同时又能保障个人的自主和尊重人权的整合性方法呢？在韩国对待老人的赡养上，家庭和国家何者为责任主体的问题一直存在着争论。目前政府只是制定有限的老年公共福利政策，而让家庭承担更多的赡养老人的责任，因而在韩国家庭仍然是赡养老人的主体。在现代社会中，家庭和政府在赡养老人的问题上不应该对立，家庭的潜能和政府资源应该有效地整合并维持相互支持的关系，而促进和维持这种关系的应该是从事专门社会福利事业的社会工作者。

家庭将继续履行和发挥照顾和供养父母的功能，但是如果家庭要充分满足老人的福利需求，就必须扩大家庭范围之外的邻里和社区的社会支持网络。这个事业也应该是靠社会福利专门职业来实现。在现代社会，仅仅靠家庭的力量已经不能为父母提供综合性的、专业化的照顾和供养。现阶段家庭面临的问题主要是与老人同住并扶养依赖度很高的老人的负担以及怎样减轻这种负担

以及怎样减轻这种负担的问题，因此应该不断开发为扶养父母的家庭提供服务的福利项目。

老年福利事业是在家庭自觉承担照顾和赡养父母的责任时才能容易开展起来。事实上，国家的社会福利政策是以家庭履行这种功能为前提而设计的。但是现代工业社会，因为社会结构和市场经济的原因，家庭靠自身的力量难以承担这一功能，同时家庭对照顾和扶养方面也不具有专门的知识和技能，因而对陷于困境的家庭，国家应该提供信息和支援服务。当然家庭提供的关心照顾与外部的公共福利体系提供的支援应该统一起来，社会福利专家应该把家庭的扶养功能和公共部门的支援项目很好地结合起来，为增进家庭福利做出贡献。社会福利专家的介入是指家庭之外提供的社会福利服务项目，通过这种介入，能够及时消解家庭面临的压力和困境。政策制定者和服务提供者为了这种服务应该投入更多的资源，使为老服务成为支援家庭的服务（成奎卓，1995）。

三、文化理论对韩国社会福利的意义

最近，西方国家认为贝弗里奇、凯恩斯式的福利国家难以维系，在这样的前提下，社会民主主义政党采取福利国家的去官僚化和自由市场的实用主义方法，不断谋求新的政治联合，即西方国家正在谋划适应信息化、全球化、后工业化时代的新的福利模式。

在捕捉这种宏观变化、谋划新的福利模式的学者中，有主张

第三条路（The Third Way）的基登斯（Giddens）、主张能力国家论（Enabling State）的基尔伯特（Gilbert）、主张劳动福利国家论（Workfare State）的杰士普（Jessop）等。基登斯的第三条路表明，英国劳动党试图超越新自由主义和传统社会民主主义政策的意图。第三条路包含权利和责任相结合的新的社会契约、社会政策和经济政策的联系、平等主义式的社会创新、对市民社会的认同、政府改革、国家对市场和市民社会的介入等内容。基尔伯特认为最近十年间，许多工业化国家正在经历着福利国家性质的转变，这种转变包括社会权的扩张、直接的现物给付、普遍主义式的补贴、从劳动的去商品化原则向权利与义务相结合的转变、现金及购物券形态的间接支出的扩大、选择主义的指标补贴、向劳动力再商品化的福利国家转变等内容，新的福利国家模式应该是"强化国家能力"。杰士普认为，以战后经济的长期繁荣为背景而出现的凯恩斯主义福利国家体制正在顺应世界经济的变化而发生转换，因而他主张应该走熊彼特主义式的劳动福利国家，进而提出新自由主义、新组合主义、新国家主义的战略（李惠炅，2002）。

尽管他们的主张还处于探索之中，尚未形成完整的理论体系，但是在对既有的社会福利制度进行改革与调整、向适应市场变化和强化民间责任转换这一点上则是很明确的。正如福利国家模式的多样性一样，福利国家的改革也会产生新的体质变异，在这一点上三位学者的观点也是一致的。在这种宏观变化中，各个国家并不是按照统一的模式发展社会福利制度，各个国家的传统制度、政治势力、战略推进以及各国的政治、经济、文化等因素

262　都以不同的方式整合而成为各国独特的新的社会福利模式。现在西方国家已经超越福利国家性质的规制，开发并实践适应后福利国家时代的新的福利模式。

与西方国家开发新的社会福利模式不同，韩国有必要开发自己独立的社会福利模式。为了开发适合韩国的社会福利模式，有必要设立反映其他国家的社会福利发展趋势和反映韩国政治经济社会文化变化的结构框架，即开发整合福利制度、世界化、去工业化的分析框架，在这个框架内开展融合韩国社会福利发展的历史性、文化性的工作。为了完成这一使命，韩国应该规定如何确定国家、市场、家庭的合作关系，开发适合韩国文化传统的社会福利模式。

参考文献

姜哲久: "德国社会政策再编", 韩国社会科学研究所编著: 《福利国家的形成》, 首尔: 民音社, 1983。

具仁惠: "从福利到劳动: 美国社会政策的实践和教训", 《社会保障研究》, 2000, 16(2): 1—28。

金英顺: 《福利国家的危机和改革: 英国和瑞典的经验》, 首尔: 首尔大学出版社, 1996。

金英花: "德国社会政策的动向", 《社会科学研究》, 1988, 4。

金恩贞译: 《福利的终结——美国改革的批判》, 首尔: 新政出版社, 2004。

金仁春: 《瑞典模式——垄断资本和福利国家共存》, 首尔: 三星经济研究所, 2007。

金泰成、金镇洙: 《社会保障论》, 首尔: 青绿出版社, 2003。

金泰成、柳真锡、安祥薰: 《现代福利国家的变化和对策》, 首尔: 罗南出版社, 2005。

南灿燮译: 《英国社会福利发展史》, 首尔: 人间与福利, 2001。

毛善姬: "老人与家庭", 金益基等《韩国老人的生活质量: 诊断与展望》, 未来人力研究中心, 1999。

朴京淑: "世界化与日本社会政策的变化", 宋浩根主编: 《世界化与福利国家》,首尔:罗南出版社,2001。

朴光俊:"日本社会福利改革的背景与进程",玄外成等:《福利国家的危机和新保守主义的重现:英国、美国、日本的社会福利改革》,首尔:大学出版社,1992。

朴光俊:《社会福利思想和历史》,首尔:阳书院,2002。

朴炳铉:"社会福利制度发展比较理论研究",《社会福利研究》,1993,3:55—70。

朴炳铉:"Confucian Culture and Social Security Programs in Korea",《社会福利研究》,1996,6:267—280。

朴炳铉:"英国和美国的社会保障制度发展的比较研究:1850—1930",《社会福利研究》,1997,7:53—86。

朴炳铉:《社会福利政策论:理论与实践》,首尔:学玄社,2004。

朴炳铉:《福利国家的比较:英国、美国、瑞典、德国的社会福利历史变迁》,首尔:共同体,2005。

朴炳铉、金教成、南灿燮、Nelson Chow:《东亚社会福利研究》,首尔:共同体,2007。

朴钟民、金书勇:"新自由主义政府改革的文化分析",朴钟民编著:《政策与制度的文化分析》,首尔:博英社,2002。

徐善姬:"家庭中心主义的儒教解析",《家庭学论丛》,1995,7:21—44。

成奎卓:《新时代的孝》,首尔:延世大学出版社,1995。

申秀珍:"韩国家族主义传统",《韩国家庭关系协会》,1998,3(1):127—152。

安祥薰:"瑞典的社会变化和社民主义的福利改革",韩国社会科学研究所编著:《世界各国的社会福利》,首尔:人间与福利,1999。

安祥薰:"瑞典福利模式维持的政治学及其韩国的批判",釜山大学社会福利系学术会议论文集,2005。

梁玉京、金晓希:"社会保障法中体现的家族主义研究",《社会科学研究论丛》,2001,6。

刘光浩:"德国的社会保障",申中燮等编著:《世界社会保障》,流风出版社,2001。

尹文久译:《日本社会福利的政治经济学》,首尔:弘益才出版社,2001。

尹贤淑:"老人扶养:家庭的责任还是社会的责任",《家庭法研究》,2000,14:201—225。

李承焕:《儒家思想的社会学再照明》,首尔:高丽大学出版社,1998。

李承焕译:《死亡经济学家的新思路》,首尔:金永社,1994。

李宪根:《第三条路的瑞典政治》,釜山:釜山大学出版社,1999。

李玄松:《美国文化的基础》,首尔:韩尔出版社,2006。

李惠炅:"工业化与社会政策",《世界文化》,1985,春季号。

李惠炅:"政治文化倾向和福利国家的发展:比较历史方法",《社会保障研究》,1986,2:59—83。

李惠炅:"福利国家的形成和发展",翰林大学社会福利研究所编著:《比较社会福利:福利国家的比较》第二辑,首尔:

乙酉文化社，1993。

李海元："日本生活保护制度的形成过程（1945—1950）"，《韩国社会福利学》，1997，33：314—336。

林成根译：《福利国家的战略：瑞典模式的政治经济学》，首尔：论衡出版社，2003。

张宪燮："家族的未来"，女性韩国社会研究院编著：《家庭和韩国社会》，首尔：经文社，1994。

全永平："女性差别与女性政策的文化分析"，朴钟民编著：《政策与制度的文化分析》，首尔：博英社，2002。

郑光锡：《福利国家的起源》，首尔：教育出版社，1992。

赵基济："瑞典的福利改革：瑞典的第三条路"，姜旭模、金镇洙、金学洙、申昌学、赵基济等：《第三条路和福利改革：英国、美国、德国、法国、瑞典为例》，晋州：庆尚大学海外区域研究中心，2003。

曹永薰：《日本福利国家的昨天和今天》，首尔：韩尔出版社，2006。

朱再炫："社会福利与文化——福利国家类型论的文化理论解析"，《韩国政策学报》，2004，13（3）：227—296。

车明洙："工业革命"，裴永洙编著：《西洋史讲义》，首尔：韩尔出版社，2000。

千世冲："瑞典的社会保障"，申中燮等编著：《世界社会保障》，首尔：流风出版社，2001。

崔炳浩、金泰完："社会保障制度再分配效果及趋势"，《社会保障研究》，2005，21（3）。

崔在锡:《韩国人的社会性格》,首尔:开问社,1976。

许久生:《贫困的历史与福利的历史》,首尔:韩尔出版社,2002。

玄外成、朴光俊、朴炳铉、黄成东、金京浩、朴庚日:《福利国家的危机和新保守主义的重现》,首尔:大学出版社,1992。

洪坰骏:"福利国家类型的质性分析:干预主义、自由主义及其儒家主义的福利国家",《韩国社会福利学》,1999,38:309—335。

Aaron, Henry, 1967, "Social Security: International Comparison", in Otto Eckstein (ed.), *Studies in the Economics of Income Maintenance*. Washington, D.C.: Brookings Institution.

Addams, Jane, 1897, "Social Settlements", *Proceedings of the National Conference of Charities and Corrections*, 24.

Addam, Jane, 1930, *The Second Twenty Years at Hull House*, New York: Macmillan.

Adema, W., 1999, *Net Social Expenditure: Labour Market and Social Policy—Occasional Paper*, 39, Paris, OECD.

Almond, Gabriel A., and Sidney Verba., 1963, *The Civic Culture: Political Attitudes and Democracy in Five Nations*, Princeton: Princeton University.

Axinn, June, and Herman Levin, 1982-1992, *Social Welfare: History of the American Response to Need*, New York: Longman.

Axinn June, and Mark Stern, 2005, *Social Welfare: A History of the American Response to Need*, Boston: Allyn and Bacon.

Bellah, Robert, R. Madsen, W. M. Sullivan, A. Swidler, and S. M. Tipton, 1985, *Habits of Heart: Individualism and Commitment in American Life*, Berkely, CA: University of California Press.

Benedict, R., 1946, *The Chrysanthemum and the Sword*, New York: Houghton Mifflin.

Biestek, F. P., 1957, *The Casework Relationship*, Chicago: Loyola University.

Bonar, James, 1885, *Malthus and His Work*, London: Macmillan.

Boyer, Paul, 1978, *Urban Masses and Moral Order in America 1820–1920*, Cambridge, Mass.: Harvard University Press.

Bumiaux, J. M., T. Dang, M. Forsrer, M. Mira d'Ercole, and H. Oxley, 1998, *Income Distribution and Povrety in Selected OECD Countries:Economics Department Woring Papers*, No. 189, Paris, OECD.

Carlson, Allan, 1990, *The Swedish Experiment in Family Politics: The Myrdal and the Interwar Population Crisis*, Transaction Publishers.

Castles, F. G., 1985, *The Working Class and Welfare: Reflections on the Political Development of the Welfare State in Australia and New Zealand, 1890–1980*, London: Allen & Unwin.

Castles, F. G., and Deborah Mitchell, 1992, "Identifying Welfare State Regimes: The Links between Politics, Instruments and Outcomes", *Governance*, 5 (1).

Chow, N., 1991, "Does Filial Piety Exist under Chinese Communism?", *Journal of Aging & Social Policy*, 3: 209-225.

Clasen, J., 1994, "Social Security the Core of the German Employment-Centered Social State", in J. Clasen, and R. Freeman(eds.), *Social Policy in Germany*, Hemel Hempstead: Harvester Wheatsheaf.

Clasen, J., and R. Freeman, 1994, "Social Policy in Germany", in J. Clasen, and R. Freeman(eds.), *Social Policy in Germany*, Hemel Hempsread: Harvester Wheatsheaf.

Colcord, Joanna, and Ruth Z. S. Mann., 1930, *The Long View: Papers and Addresses by Mary E. Richmond*, New York: Russell Sage Foundation.

Collier, David, and Richard E. Messick, 1975, "Prerequisites Versus Diffusion: Testing Alternative Explanations of Social Security Adoption", *The American Political Science Review*, 69: 1299-1315.

Cox.H. G., 1990, "Roles for Aged Individuals in Post-Industrial Societies", *International Journal of Aging & Human Development*, 30: 55-62.

Cutright, P., 1965, "Political Structure, Economic Development, and National Security Programs", *Journal of Sociology*, LXX: 537-550.

Davis, Allen F., 1973, *American Heroine: The Life and Legend of Jane Addams*, New York: Oxford University Press.

Devine, Edward T., 1915, "Education for Social Work", *Proceedings of* the National Conference of Charities and Corrections, 42.

Dixon, J., 1981, *The Chinese Welfare System: 1949–1979*, New York: Praeger.

Dobelstein, Andrew W., 1986, *Politics, Economics, and Public Welfare*, Englewood Cliffs: Prentice–Hall.

Douglas, M., 1982a, "Cultural Bias", in M. Douglas(ed.), *Active Voice*, London: Routledge & Kegan Paul.

Douglas, M., 1982b, "Introduction to Grid / Group Analysis", in M. Douglas(ed.), *Essays in the Sociology of Perception*, London: Routledge & Kegan Paul.

Douglas, M., 1986, *How Institutions Think*, Utica, New York: Syracuse University Press.

Douglas, M., and A. Wildavsky, 1982, *Risk and Culture*, Berkeley: University of California Press.

Douglas, M., and Baron Isherwood, 1979, *The World of Goods: Towards an Anthropology of Consumption*, London: Allen Lane.

Eastman, Crystal, 1910, *Work Accidents and the Law*, New York:

Ehrenreich, John H., 1985, *The Altruistic Imagination: A History of Social Work and Social Policy in the United Stats*, Ithaca: Cornel University Press.

Epstein, Abraham, 1928, *The Challenge of the Aged*, New York.

Esping–Andersen, G., 1985, *Politics against Markets: The Social Democratic Road to Power*, Princeton: Princeton University Press.

Esping–Andersen, G., 1990, *Three Worlds of Welfare Capitalism*,

Cambridge: Polity Press.

Esping-Andersen, G., 1996, "Positive Sum Solutions in a World of Trade-Offs", in G Esping-Andersen(ed.), *Welfare States in Transition: National Adaptations in Global Economies*, London: Sage.

Esping-Andersen, G., 1997, "Hybrid or Unique: The Japanese Welfare State between Europe and America", *Journal of European Social Policy*, 7(3): 179-189.

Esping-Andersen, G., 1999, *Social Foundations of Postindustrial Ecomomies*, Oxford: Oxford University Press.

Esping-Anderson, G., and W. Korpi, 1987, "From Poor Relief to Institutional Welfare States: The Development of Scandinavian Social Policy", in R. Erickson, E. Jorgen-Hansen, S. Rinen, and H. Uustitalo(eds.), *The Scandinavian Model*, New York: M. E. Sharpe.

Finer, S. E., 1952, *The Life and Times' of Sir Edwin Chadwick*, London: Metheun and Company.

Fiexner, Abraham, 1915, "Is Social Work a Profession?", *Proceedings of the National Conference of Charities and Correction*, pp. 576-590.

Flora, Peter, and Jens Alber, 1984, "Modernization, Democratization and the Development of Welfare States in Western Europe", in P. Flora, and A. J. Heidenheimer (eds.), *The Development of Welfare States in Europe and America*, New Brunswick, N.J.: Transaction

Book. pp. 37-80.

Franklin, Donna L. , 1986, "Mary Richmond and Jane Addams: From Moral Certainty to Rational Inquiry in Social Work Practice", *Social Service Review*, 60(4):504-525.

Fraser, Derek, 1984, *The Evolution of the British Welfare State*, London: Macmillan.

Glibert, Bentlev B. , 1966, "Winston Churchill Versus the Webbs: The Origins of British Unemployment Insurance", *American Historical Review*, 71.

Ginsburg, Norman, 1992, *Divisions of Welfare*, London: Sage.

Ginsburg, Norman, 2001, "Sweden: The Social Democratic Case", in Allan Cochrane, John Clarke, and Sharon Gewirtz, (eds.) *Comparing Welfare State*, London: Sage.

Green Paper, 1985, *The Reform of Social Security*, Vol. 1, 2, 3, Cmnd 9517, HMSO.

Greenwood, Harry, 1957, "Attributes of a Profession", *Social Work*, 2: 45-55.

Gronbjerg, Kirsten A. , 1977, *Mass Society and the Extension of Welfare*, Chicago.

Hacker, Jacob S. , 2002, *The Divided Welfare State: The Battle over Public and Private Social Benefits in the United States*, Cambridge: Cambridge University Press.

Hall, P., and R. Taylor, 1996, "Political Science and the Three New Insritutionalism", *Political Studies*, XLIV:936-957.

Handier, J. , 1995, *The Poverty of Welfare Roform*, New Haven: Yale University Press.

Heclo, H., and H. Madsan, 1987, *Policy and Politics in Sweden: Principled Pragmatism*, Philadelphia: Temple University Press.

Hendricks, J., and C. Hendricks, 1977-1978, "The Age-Old Question of Old Age: Was It Really So Much Better Back Then?", *International Journal of Aging & Human Development*, 8: 139-154.

Hofstede, Geert, 1997, *Culture and Organization*, New York: MacGraw-Hill.

Hunter, Robert, 1904, *Poverty*, New York.

Jacobs, Didier, 2000, "Low Public Expenditures on Social Welfare: Do East Asian Countries Have A Secret?", *International Journal of Social Welfare*, 9: 2-16.

Jansson, Bruce, 1993, *The Reluctant Welfare State: A History of American Social Welfare Policies*, Pacific Grove, California: Brooks/Cole Publishing Company.

Jarre, D., 1991, "Subsidiarity in Social Services Provision in Germany", *Social Policy and Administration*, 25(3): 211-217.

Jones, C., 1993, "The Pacific Challenge: Confucian Welfare State", in C. Jones (ed.), New *Perspectives on the Welfare State in Europe*, London: Routledge, pp. 198-220.

Kastenbaun, R. and B. Ross, 1975, "Historical Perspectives of Care", in J. G. Howells (ed.) , *Modern Perspectives in the Psychiatry of Old*

Age, New York: Brunner.

Katz, Michael B., 1986, *In the Shadow of the Poorhouse: A Social History of Welfare in America*, New York: Basic Books.

Korpi, W., 1978, *The Working Class in Welfare Capitalism*, London: Routledge.

Korpi, W., 1983, *The Democratic Class Struggle*, London: Routledge & Kegan.

Korpi, W., 1990, *The Development of the Swedish Welfare State in a Comparative Perspective*, Swedish Institute.

Korpi, Walter, and Michael Shalev, 1980, "Strikes, Power and Politics in the Western Nations, 1900-1976", in Maurice Zeitlin (ed.), *Political Power and Social Theory*, Greenwich, CT: JAI Press.

Lawson, R., 1996, "Germany: Maintaining the Middle Way", in P. Taylor-Gooby and V. George (eds.), *European Social Policy*, Basingstoke: Macmillan.

Lee, Porter R., 1930, "Social Work: Cause and Function", *Proceedings of the National Conference of Social Work*, pp. 3-20.

Leiby, James, 1978, *A History of Social Welfare and Social Work in the United States*, New York: Columbia University Press.

Levine, D., 1988, *Poverty and Society: The Growth of the American Welfare State in International Comparison*, New Brunswick: Rutgers University Press.

Loch, C. S., 1892, *Old Age Pensions and Pauperism*, London.

Lubove, Roy, 1968, *The Struggle for Social Security 1900-1935*,

Cambridge, Mass.: Harvard University Press.

Marshall, T. H., 1965, *Class, Citizenship, and Social Development*, Doubleday & Company, Inc.

Martin, Andres, 1984, "Trade Unions in Sweden: Strategic Responses to Change and Crisis", in P. Gourevitch, A. Martin, G. Ross, C. Allen, S. Bornstein, and A. Markovits (eds.), *Unions and Economic Crisis: Britain, West Germany, and Sweden*, London: George Allen and Unwin.

Meier, Elizabeth, 1954, *A History of the New York School of Social Work*, New York: Columbia University Press.

Mink, Gwendolyn, 1998-2002, *Welfare's End*, Cornell University Press.

Monypenny, William Flavelle, 1910, *The Life of Benjamin Disraeli, Earl of Beaconsfield*, New York: The Macmillian.

Morris, Robert, 1986, *Rethinking Social Welfare: Why Care for the Stranger?*, New York: Longman.

Myrdal, Alva, and Gunnar Myrdal, 1934, *Kris i befolknengsfragan*, Albert Boonnier Forlag.

Myrdal, G., 1938, "Population Problems and Policies", *Annals of the American Academy of Political and Social Science*, 197.

Nakane, C., 1973, *Japanese Society*, London: Pelican.

Offe, C., 1994, "A Non-productivist Design for Social Policies", in J. Ferris, and R. Page (eds.), *Social Policy in Transition*. Aldershot: Avebury.

Olson, P., 1987, "A Model of Eldercare in the People's Republic of China", *International Journal of Aging & Human Development*, 24: 279–300.

Orloff, Ann Shola, and Theda Skocpol, 1984, "Why Not Equal Protection? Explaining the Politics of Public Social Spending in Britain, 1900–1911, and The United States, 1880–1920", *American Sociological Review*, 49: 726–750.

Palmore, E. B., 1989, "Social Gerontology: An Essential Part of the Backbone", *Gerontolagy & Geriatrics Education*, 9: 27–35.

Palmore, E. B., and D. Maeda. 1986, *The Honorable Elders Revisited*, Durham, NC: Duke University Press.

Park, Byung Hyun, 1990, *The Development of Social Welfare Institutions in East Asia: Case Studies of Japan, Korea, and the People's Republic of China*, Doctoral Dissertation, University of Pennsylvania.

Patterson, James T., 1986, *America's Struggle Against Poverty 1900–1985*, Cambridge, Mass.: Harvard University Press.

Pempel, T. J., "Japan's Creative Conservatism: Continuity under Challenge", in Francis G. Castles(ed.), *Comparative History of Public Policy*, New York: Oxford University Press.

Piven, Frances Fox, 1998, "Welfare and Work", *Social Justice*, 25(1): 67–81.

Piven, Frances Fox, and Richard A. Cloward, 1971, *Regulating the Poor: The Functions of Public Welfare*, New York: Vintage Books.

Poole, Lynne, 2001, "Germany: A Conservative Regime in Crisis", in Allan Cochrane, John Clarke, and Sharon Gewirtz(eds.), *Comparing Welfare State*. London: Sage.

Popple, Philip, and Leslie Leighninger, 1998, *The Policy-Based Profession: In Introduction to Social Welfare Policy for Social Workers*, Boston: Allyn and Bacon.

Post, S. G., 1989, "Filial Morality in an Aging Society", *Journal of Religion & Aging*, 5: 15—29.

Pryor, Frederic L., 1968, *Public Expenditures in Communist and Capitalist Nations*, Homewood, Illinois: Irwin.

Pumphtey, Muriel W., 1956, *Mary Richmond and the Rise of Professional Social Work in Baltimore*. DSW Dissertation. Columbia University School of Social Work.

Redford, A., 1926, *Labour Migration in England, 1800-1850*, Manchester: University Press.

Richmond, Mary, 1915, "The Social Caseworker in a Changing World", *Proceedings of the National Conference of Charites and Correction*, 42.

Rimlinger, Gaston V., 1971, *Welfare Policy and Industrialization in Europe America and Russia*, New York: John Wiley and Sons.

Robin, Michael, 1962, "Voluntarism: The Political Functions of an Antipolitical Doctrine", *Industrial and Labor Relations Review*, XV.

Rohlen, Thomas, 1983, *Japan's High School*, Berkeley: University of California Press.

Rostow, W. W. , 1960, *The Stages of Economic Growth*, Cambridge: University Press.

Rubinow, Issac, 1913, "Sickness, Insurance", *American Labor Legislation Review*, III(2).

Rubinow, Issac, 1934, *The Quest for Security*, New York: Holt.

Seager, Henry, 1910, *Social Insurance: A Program of Social Reform*, New York: Macmillan.

Specht, Harry, 1972, "The Deprofessionalization of Social Work", *Social Work*, 17:3-15.

Spender, J. A., 1894, *The State and Pensions in Old Age*, 2nd ed., London.

Steiner, Gilbert Y., 1966, *Social Security: The Politics of Welfare*, Chicago.

Steiner, K., 1980, *The Transition from Capitalism to Socialism*, London: Macmillan.

Stephens, John D., 1996, "The Scandinavian Welfare States: Achievements, Crisis, and Prospects", in Esping-Andersen(ed.), *Welfare States in Transition: National Adaptations in Global Economies*, London: Sage.

Sullivan, M., 1987, *Sociology and Social Welfare*, London: Allen & Unwin.

Taylor, E. B., 1986, *Primitive Cultures*, New York: Brentano.

Thompson, M., R. Ellis, and A. Wildavsky, 1990, *Cultural Theory*, Boulder, CO: Westview.

Thoursie, A., 1998, "Sweden", in *Trends*, No. 30, European Employment Observatory for the European Commission Berlin, Institute for Applied Socio-Economic.

Tocqueville, Alexis de, 1954, *Democracy in America*, New York: Vintage Books.

Vogel, Ezra F., 1979, *Japan as Number One*, Cambridge, Mass.: Harvard University Press.

Warren, R. L., 1963, *The Community in America*, Chicago: Rand McNally.

Webb, S., and B. Webb., 1927, *English Poor Law History*, London: Longmans, Greens and Co.

Weir, Margaret, Ann Shola Orloff, and Theda Skocpol, 1988, *The Politics of Social Policy in the United States*, Princeton: Princeton University Press.

Wildavsky, A., 1985, "Cultural Theory of Expenditure Growth", *Journal of Public Economics*, 28: 349–357.

Wildavsky, A., 1987, "Choosing Preferences by Construction Institutions: A Cultural Theory of Preference Formation", *American Political Science Review*, 81: 3–21.

Wilensky, H. L., 1975, *The Welfare State and Equality*, Berkeley: University of California Press.

Wilensky, H. L., and C. N. Lebeaux, 1958, *Industrial Society and Social Welfare*, New York: Free Press.

Wilson, M., 1993, "The German Welfare State: A Conservative Regime in Crisis?", in A. Cochrane and J. Clarke(eds.), *Comparing Welfare: Britain in An International Context*, London: Sage.

索　引

（索引中的页码为原书页码，即本书边码）

ㄱ

가신（家臣）에 대한 복지　对家臣的福利　174
가족중심주의　家庭中心主义　247
가치 없는 빈민　有价值的贫民　68，98
가치 없는 빈민　没有价值的贫民　68，98
개인주의 문화　个人主义文化　36，47
계층주의 문화　阶层主义文化　36，173
공동체의식　共同体意识　251
공리주의　功利主义　54
공제조합　共济会　62，76
구걸문화（pauperism）　乞讨文化　65
국민개보험화　全民保险化　199
국민보험법　国民保险法　69
국민의 가정　人民之家　217，222
국부론　国富论　52
권력자원론　权力资源论　20
그린 페이퍼　绿皮书　83
근로장례세제（EITC）　劳动收入税收抵免税（EITC）　166
기능주의 사회사업실천　功能主义社会工作实践　150

기업별 노동조합　行业工会　197
기존복지체제의 종식　以往福利体系的终结　166
길버트법　吉尔伯特法　49

ㄴ

남북전쟁　南北战争　92
노동력의 상품화　劳动力商品化　87
노동윤리　劳动伦理　156
노동자 조례　劳动者条例　49, 85
노동자재해보상제도　工伤赔偿制度　117
노동조합총연맹（LO）　工会联合会　219
노령연금법　老龄年金法　69
뉴딜　新政　135, 139
뉴딜 컨센서스　新政体系　161
뉴욕자선학교　纽约慈善学校　108

ㄷ

대공황　大恐慌　135
대빈곤 전쟁　贫困战争　156
대처 행정부　撒切尔政府　68, 81
대학인보관　大学邻保馆　104
독일 사회정책학회　德国社会政策学会　178

ㄹ

렌—메이드네르 경제모델 雷恩—迈德纳经济模式 232

ㅁ

망 格栅 34
문화이론 文化理论 33, 260

ㅂ

박병현 朴炳铉 24
보완원칙 补缺性原则 184
보이지 않는 손 看不见的手 38
봉건영주 封建领主 48
봉건제도 封建制度 175
빅토리아시대 维多利亚时代 53

ㅅ

사민당 社民党 219
사십주년 四十周年 185
사회보장교서 社会保障意见书 146
사회보장법 社会保障法 147
사회부조 社会救济 189
사회서비스국가 社会服务国家 240
사회주의 금지법 社会主义禁止法 179

사회진단（Social Diagnosis）社会诊断 108，115
사회통제 社会控制 204
산업혁명 工业革命 51，64
산업화 工业化 93
산업화 논리 工业化逻辑 17
살쇠바덴의 대타협 萨尔特舍巴登大妥协 226
새로운 사태 新事态 185
생존권 生存权 51
수급 자격（entitlement）给付待遇资格 168
수렴이론 趋同理论 18
스핀햄랜드법 斯皮纳姆兰法 49
스핀햄랜드제도 斯皮纳姆兰制度 85
시민 市民 29
시민문화 市民文化 29
식품권（Food Stamps）食品券 163
신구빈법 新济贫法 57，85
신민（subject）臣民 29，176
신보수주의 新保守主义 161，164

ㅇ

엔클로저（enclosure） 圈地运动 48
엘리자베스구빈법 伊丽莎白济贫法 89
연대임금정책 连带工资政策 227
열등처우의 원칙 劣等处置原则 60，61

오야분（親分）과 고분（子分）亲分和子分 191
왕립위원회 皇家委员会 57
우리주의（we-ism）我们主义 25
우애방문원 友好访问 110
운명주의 문화 命运主义文化 36
유교문화 儒家文化 246
인구론 人口论 55
인보관운동 邻保馆运动 73, 74, 103
일본형 복지국가 日本型福利国家 209
임성근 林成根 219

ㅈ

자선조직협회 慈善组织协会 97, 165
자원주의（voluntarism） 志愿主义 87, 100
자유방임주의 自由放任主义 48, 99
자유주의（liberalism） 自由主义 87, 93
자조 自助 61, 82
자조정신 自助精神 48
작업장테스트법 济贫院检测法 49
장원 庄园 48
적극적 노동시장정책 积极的劳动力市场政策 229
적록연합 红绿同盟 220
적자생존 适者生存 68
전미노동법학회 全美劳动法学会 122

제2차 엔클로저(enclosure)운동　第二次圈地运动　50

조합주의　组合主义　187

종의 기원(Origins of Species)　物种起源　67

지니(Gini)계수　基尼系数　238

지위에 따른 차등　职位差异　186

진단주의 학파　诊断主义学派　153

집단　集团　34

집단주의 가치　集团主义价值　191

집합주의　集体主义　218

ㅋ

케이스워크　个案工作　168

ㅌ

타운센드운동　汤森运动　140

탈상품화　去商品化　188

튜더(Tudor)왕조　都铎(Tudor)王朝　49

ㅍ

파울러위원회　福勒委员会　82

페이비언협회　费边社　74

평등주의 문화　平等主义文化　36

프로테스탄트　新教　90

피츠버그조사　匹兹堡调查　120

ㅎ

헐 하우스 赫尔馆 103, 109

혁신지자체 改革自治 207

홍경준 洪坰骏 25

확산이론 扩散理论 19

황제칙서 帝国敕书 181

효사상 孝思想 248

후생백서 厚生白皮书 209

흑사병 黑死病 48

Aaron 阿伦 17

AFDC 扶养未成年儿童家庭援助 164

AFDC 프로그램 AFDC项目 156

Alber 艾伯 17

Castles 凯瑟斯 21

Collier 科利尔 18

Cutright 卡特赖特 17

Esping-Andersen 埃斯平·安德森 20

FAP 家庭援助计划 159

Flora 弗洛拉 17

Heclo 赫克罗 21

Lubove 鲁波 23

Messick 梅西克 18

Orloff 奥夫 21

P.A.Hansson 汉森 220

Park 朴炳铉 24

Pryor 普莱尔 17

Rimlinger 瑞明格 17

Rostow 罗斯特 19

SAF 瑞典经营者联盟 225

Skocpol 斯考切波 21

TCO 全国产业联盟组织 225

Tocqueville 托克维尔 23

Weir 维尔 21

Wilensky 威廉斯基 16,17

WIN 프로그램 WIN 项目 155

图书在版编目(CIP)数据

社会福利与文化:用文化解析社会福利的发展/(韩)朴炳铉著;高春兰,金炳彻译. —北京:商务印书馆,2012
ISBN 978-7-100-09110-7

Ⅰ.①社… Ⅱ.①朴…②高…③金… Ⅲ.①社会福利—研究 Ⅳ.①C913.7

中国版本图书馆CIP数据核字(2012)第085430号

所有权利保留。
未经许可,不得以任何方式使用。

社会福利与文化
——用文化解析社会福利的发展

〔韩〕朴炳铉　著
高春兰　金炳彻　译

商 务 印 书 馆 出 版
(北京王府井大街36号　邮政编码 100710)
商 务 印 书 馆 发 行
北京瑞古冠中印刷厂印刷
ISBN 978-7-100-09110-7

2012年11月第1版　　开本 880×1230　1/32
2012年11月北京第1次印刷　印张 8⅞

定价:25.00元